英語テスト作成入門 改訂新版

効果的なテストで授業を変える！

笠原　究・佐藤臨太郎　著

JN034004

金星堂

はじめに

　授業改善に熱心な英語教師は多いが，テスト問題改善に熱心な英語教師というのはあまり多くないと思います。筆者も新米の頃はテスト改善のことなど考えもしませんでした。アメリカ文学を専攻していた大学時代，英語教師になるために英語教育法を受講しましたが，テスト作成の方法などは習ったこともありませんでした。高校の英語教師になってからは，定期テストの時期が近づいてきてから重い腰を上げ，教科書を眺めながらテスト問題を作成しました。教科書や問題集にある問題や先輩教師が作成した過去の問題をみて，似たような問題を作成していました。今回のテストが「何を」測定するのかというテスティング・ポイントを深く考えることもなく，100 点満点のテストにするために配点や設問数の調整に多くの労力を割いていたのです。それぞれの設問が「何のために」存在し，それが生徒のどのような知識・技能・能力を測定しようとしているのかについて思いをめぐらせることもありませんでした。そのようにしてでき上がった定期テストが，生徒にとって良いテストなのか悪いテストなのか——まちがいなく悪いテストであったと思います——を考えることすらなかったのです。要するに，自分の授業のまずさ，テストのひどさを棚に上げ，平均点の低さに舌打ちをするような「ダメ教員」でした。

　そんな無知蒙昧の筆者がテストのことを考え始めるきっかけとなったのが，故若林俊輔氏と根岸雅史氏が 1993 年に出版した『無責任なテストが「おちこぼれ」を作る』(大修館書店) です。まず，タイトルからして頭をガツンと殴られたような衝撃がありました。特に忘れられないのが，冒頭の「学校教育におけるテストの第一義は，「教師の授業活動の評価」のための資料収集である」という一節でした。テストの結果が悪かった場合，まず反省すべきは教師なのだという，当たり前ですが多くの教師が自覚していない事実

i

を知ることとなったのです。「今回のテストの結果は悪かった。次回はもっと努力するように」などと生徒に言うこと自体が本末転倒であり，自分が無能な教師であると宣言しているようなものだということが，この著書を通してはじめてわかったのでした。ダメな授業と同じく，ダメなテストも多くの英語嫌いを生んでいくのです。

　その後，評価やテスティングに関する研究は大きな進歩を遂げました。言語テスティングに関する学会が立ち上げられ，専門の学術雑誌やテスティングを専門とする研究者の数も増加しました。日本でも「日本言語テスト学会」が設立され，言語テストの発展に大きく貢献しています。大学入試における英語テストのあり方も，今後大きく見直されていくこととなりました。筆者と共著者自身も大学院に派遣される機会を得て，評価やテスティングの基礎について学ぶことができました。現在の教員養成系大学に勤務するようになってからは，遅ればせながら評価・テスティングに関する授業を開講し，学生とともに評価のあり方やテストの作成方法について考えています。

　こうした変化の中で，中学・高校におけるテスト作成も少しずつ変わってきているであろうと思っていました。少なくとも，指導要領に示された外国語科における目標の要諦が「コミュニケーション能力を養う」ことである以上，英語テストも英語のコミュニケーション能力を測定しようという意図のもとに作成されるようになってきているのだろうと考えていました。ところが，先日，ある高校で出題された定期テストの英語問題を見る機会があり，現実はそれほど甘くはないようだと思い知らされたのです。そのテストは，若林・根岸両氏が「欠陥テスト」として糾弾した問題のオンパレードでした。紙と鉛筆による発音問題，雑多なテスティング・ポイントが混在した文法問題，読まなくても解答可能な設問が多く含まれている上に，テキストにはさまざまな加工がほどこされた，いわゆる「総合問題」などです。

　この問題を作成した教師に悪意は微塵もなかったろうと思います。いみじくも若林・根岸氏が 30 年以上も前に指摘したように，テストの作成に悩んだことのある教師はいまだ少数派なのではないでしょうか。そもそも，理不尽な試験やテストが存在し，それが大量の英語嫌いを生んでいるなどと考えたことのない英語教師がいまだ数多く存在しているのではないでしょうか。その原因は若林氏がすでに指摘しているように，大学の教員養成課程の中に「評価」や「テスティング」に関する科目がないからです。『教育職員免許法

施行規則』で定められている英語教員免許取得に必要な「教科に関する専門教育科目」は「英語学」「英米文学」「英語コミュニケーション」「異文化理解」の４つです。「教職に関する専門教育科目」の中にも評価や測定に関する科目は存在しません。筆者の勤務する教員養成系大学でも，評価やテスティングに関する科目が開設されていたという話は聞いたことがありません。全国をみても，そうした科目が開設されている大学はいまだに少数派です。テスト改善を考える教師が少数派なのも，もっともなところでしょう。

　我々筆者は，この現状を変えなければいけないと強く思い，この本の執筆を始めました。授業改善と同じく，テスト改善に取り組む教師を育てなければなりません。いかに良い授業を展開したとしても，テストがだめなら生徒の英語力を伸ばすことはできません。逆に，良いテストを作成し，そのテストで高得点を取れるような授業を展開すれば，確実に生徒の力は伸びます。本書は，テスト問題作成に関わる中学・高校の先生方，これから英語教師を目指す学生さんにぜひ読んでもらいたいと思っています。生徒の英語力を伸ばすためには，「良いテスト」と「良い授業」を実践の両輪として考えなくてはならないのです。筆者らは高校で 20 年におよぶ実践経験を持ち，大学院でテスティングの基礎を学び，現在は教員養成系大学でテスティングの授業を担当しています。執筆においては，テスティングの基礎理論をできるだけ現場に即した形で説明するよう心がけました。完璧な授業というものが存在しないように，完璧なテストというものもまた存在しません。しかし，常に「より良い授業」「より良いテスト」は存在します。本書がその「より良いテスト」作成の一助になることを願ってやみません。

　本書は大学での「英語科教育法」のテキストを意図して作成しました。また，現在中学・高校で教えている先生方が，参考書として活用されることも意識して執筆しました。したがってテスティングに関わる基礎知識・理論を出来るだけわかりやすく説明し，さらに具体的例とともに，テスト作成法について実践的に学べるようになっています。章末，あるいはセクションの最後に理解を試すタスクを置いていますので，活用いただければと思います。

笠原　究

目　　次

第1章

テストの目的・テストの種類

　日本人英語学習者にとって，テストの重要性は疑うべくもないかと思います。グローバル化が進み，今後，日常生活あるいはビジネスにおいて英語を実際に使う機会が増えることが予想されますが，それでも一般的には（今のところ）生活の中で英語を使う場面はほとんどないに等しいと言えます。したがって，多くの学習者が学校科目のひとつとして，入試で重要な「英語」をテストのために勉強していると言えるのではないでしょうか。そうであるならば，学習者の英語力をより正確に測り，英語力を伸ばしていけるテストを作成していかなければいけないことは自明です。大学入学試験の「大学入学共通テスト試験（英語）」では，毎年約50万人近くが受験していますが，問われる技能はリーディングとリスニングだけです。ライティング，スピーキングの4技能をバランスよく測るために，改善・改革の必要性もいわれていますが，現行の共通テスト試験は課題こそあるものの，妥当性や信頼性に関しては一定の高い評価を得ていると言っても良いでしょう。しかしながら，中学・高校における定期考査に関しては，冒頭で述べたように，生徒の能力をしっかりと測り，英語力を伸ばしていけるテストが浸透しているとは言いがたく，早急に改善が求められるべきであると言わざるを得ないと筆者らは考えています。

ところで，読者の皆さんは自分の中学・高校時代を思い返して，「テスト」と聞くとどのような気持ちを抱きますか。「大好きだった」とか「楽しかった」といったポジティブな気持ちよりも，「つらかった」「大変だった」といったネガティブな気持ちを抱くのではないでしょうか。では，なぜテストが必要なのでしょうか。「生徒の学力，英語力を測るため」「評価のため」「生徒の学習成果を確認するため」，あるいは「教師の指導の成果をみるため」など，さまざまな答えが返ってきそうです。もしかしたら，「テストなんてないほうがいい」という意見も，生徒からだけではなく教師からも聞こえてくるかもしれません。たしかに，教師がしっかりと効果的に教えられて，生徒も確実に力を伸ばすことができるなら，その意見にも一理ありそうです。しかし，より「効果的に教える」ためにも，「着実に生徒に英語力を付けさせる」ためにも，日常生活で特に英語を使用する必要がほとんどない日本のような外国語としての英語学習環境 (EFL) においては，テストを目的に応じて最大限かつ有効に活用していかなければいけません。テストで良い点数を取ることを英語学習の目標のひとつとして生徒が努力し，テストにより得た情報を教師が有効に活用し，自分の教え方を振り返り，生徒の学習意欲をあげ，より質の高い授業を展開していくことが理想であると筆者らは考えます。誤解のないように付け加えますが，ここで言っているのは，テストを有効に活用して生徒の英語力を伸ばしていける授業や英語教育の実現であり，高校入試や大学入試，あるいは校内での定期考査のためだけに英語を勉強することを言っているのではもちろんありません。

　それでは，テストの具体的な目的とそれに応じたテスト（の種類）についてまとめていきます。

1 到達度テスト
目的：生徒がどの程度目標に到達しているか知る

　中間・期末・学年末試験などのように，ある一定の学習期間において，あらかじめ設定された学習目標が，どの程度達成されたかを確認するテストを指します。このテストは日ごろの授業と深い関わりがあり，後で述べる他の種類のテストと違って，担当する教師が作成・実施・採点・評価していくものです。定期考査では授業で教えた内容が問われることになるので，教師に

とっては，授業の効果や具体的教授内容・教授法の質を振り返る機会にもなります。期待したほど生徒が点数を取れなかったのは，そもそも教師の教え方に問題があったのかもしれないと考えることができ，作成したテストが良くなかったということも分かるということです。しかしながら，教えたことすべてを，教えたとおりにテスト出題すべきというわけではありません。本来，各科目・レッスンにおいてはそれぞれ目標がありますが，それは年度の最終目標を念頭に置いて細分化された目標でなければなりません。したがって，テストもその一定期間の範囲の目標を達成したかどうかを測るものでなければいけないはずです。つまり，各レッスンの目標が設定された時点で，テスト内容・項目がある程度決定されているべきであり，教師はその目標に沿って授業を行っていくことが望ましいと言えます。これにより，授業が目標から離れた内容になったり，ひどい場合には逸脱するような状況を防ぐことができたりするとも言えるわけです。この定期考査などの到達度テストは，生徒の達成度の総合的判定，つまり，成績を出すことを主たる目的としながらも，授業の適切さについての情報も教えてくれることになります。しかしながら，授業は教師と生徒で作り上げていくという側面もあり，授業を実践していく中で，必要に応じて内容を変更せざるを得ないこともありうるでしょう。そのような場合，若干のマイナーチェンジもありうるかもしれません。ただし，そうした変化は頻繁に起こるべきではなく，基本的には当初の授業目標に沿った授業の実践と，それを反映した定期考査が用いられるべきであろうと考えます。個々の授業での具体的実践を反映しようとして，本来測るべき能力を診られなくなる――「木を見て森を見ず」――のは避けるべきです。定期考査は成績を出すために行われるわけですが，生徒がどの程度学力を身に付けたかを測り，成績をつけるために行う評価を「総括的評価」といいます。

　また，到達度テストには授業で頻繁に行う，いわゆる「小テスト」も含まれます。小テストは試験範囲が直前の授業の内容であったり，あるいは予習の内容に関する内容であったりするので，学習内容との関連が非常に高いと言えます。各学期・年度の目標に到達するための小さな到達を測る小テストは，生徒の学習の確認，教師の教え方の点検に役立ち，短期的な勉強へのモチベーションの向上や，授業の雰囲気づくり，規律を高めるなどの効果も考えられ，より有効に活用していくべきでしょう。

小テストや，あるいは音読テストなど授業内でのパフォーマンスを評価することは，生徒の動機づけを高め，学力の向上を支援する効果があります。定期テストでは最終的な学習成果を把握し，成績をつける「総括的評価」が行われるわけですが，学習者の学習を助ける目的で行われるテストの評価は「形成的評価」となります。年間の授業を通じて生徒の英語力を高めていくということを考えると，総括的評価だけではなく，形成的評価をできるだけ頻繁に行うことが重要であると言えます。また，形成的評価の結果で得た情報を参考にして，教師も自分の授業内容を振り返り，修正していくことが可能になります。さらには，最終的な総括的評価のための定期考査の内容を再考することも可能になります。

　本書の最終目的は生徒の力を伸ばすことのできる効果的なテスト作成のための情報を提供することです。定期考査については第 15 章で詳しく触れていきます。

❷ 熟達度テスト
目的：生徒の言語能力を測定する

　生徒のそれまでの学習内容，学習期間，学習環境にかかわらず，受験時点での言語能力を問うテストを指します。代表的な例としては，TOEIC や英検，TOEFL，IELTS などが挙げられます。受けてきた特定の指導を前提とはしておらず，それぞれのテストが規定したあるレベル（英検 1 級，2 級など）に達しているかどうかに関しての情報を与えるテストです。テストにはそれぞれの特徴があり，例えば，TOEIC の英語では，ビジネスで使う語彙・表現が数多く用いられ，TOEFL では大学の講義や大学生活に関する内容や，そこで使用される語彙・表現がメインとなっています。これはそれらのテストが，受験者がある特定の領域において必要とされる言語能力をどの程度持っているかを測るためであるからです。英検に関しては，伝統的に学校英語との関連が深く，中学・高校での学年別の目標や，教師の英語力の指標にされることもあります。ちなみに，英検の各級とレベルの目安は次のようになっています。

級	推奨目安
5 級	中学初級程度
4 級	中学中級程度
3 級	中学卒業程度
準 2 級	高校中級程度
2 級	高校卒業程度
準 1 級	大学中級程度
1 級	大学上級程度

(日本英語検定協会ホームページから)

　文部科学省によると，今後，この各校種による取得レベルの目標はさらに高くなっていくようです（高校卒業時で英検準一級など）。

　日本のように，日常的に英語を使用する必要や機会のない EFL 環境においては，このような学校外でのテストで良い点数をとるという外発的動機付けも重要であり，生徒の学習意欲の向上のために有効に活用していくべきでしょう。

　また，選抜を目的とする入試テストも熟達度テストになります。入試において，日本英語検定協会作成の 4 技能型アカデミック英語能力判定試験「TEAP (Test of English for Academic Purposes)」などの外部テストを利用する大学も増えてきています。しかしながら，よく知られている外部民間テストは信頼性，妥当性の面から質の高いテストであることは間違いありませんが，学習指導要領との整合性，授業への波及効果，また入学後の授業内容との関連等，入試での活用においては，解決すべき課題が多いのも事実です。入試での外部テスト活用については慎重に検討していくべきであると言えます。

3 診断テスト
　目的：生徒の長所と短所，何ができて，何ができないかを判断する

　多くの生徒は，文法の知識はあるが読解が苦手だとか，話すのは得意だが書くのには問題があるというように，得手不得手があるものです。また，文

法においてもある特定の項目については十分理解して実際に使用できるが，他の別の項目ではそれができないということもあります。診断テストはこのような生徒の特性を明らかにし，指導に生かしていこうというものです。しかしながら，純粋に診断のみを目的としたテストを作成するのは難しく，良い診断テストは存在しないとも言われます (Hughes, 2003)。確かに，日本の中学生・高校生を対象とした純粋な「診断テスト」に筆者もお目にかかったことはありません。しかしながら，既存の到達度テストや熟達度テストを活用することにより，学習者の問題点を明らかにし，指導に生かしていくことも可能であり，この「診断」も目標のひとつに入れて，テストを作成していくと良いであろうと考えます。英検などの外部試験も技能別のスコアが表示され，学習へのアドバイスが記述されている場合が多いようです。参考にすると良いでしょう。

4 目標基準準拠テストと集団基準準拠テスト
評価法という別の観点からのテストの分類です。

目標基準準拠テストは，他の生徒との比較ではなく，本人がその学習目標を達成できたかを測るテストで，評価においては「絶対評価」が用いられます。一方，集団基準準拠テストは，個人の点数が同じテストを受験した集団の中でどの位置（順位）にあるかを測るテストであり，「相対評価」が用いられます。この相対評価では，例えば，5 段階評定で，成績上位から 7％を 5,24％を 4,3 は次の 38％，続く 24％は 2, 下位 7％は 1 というように，成績をつけます。集団基準準拠テストは集団における個人の位置を示すことができますが，目標がどの程度達成されたか，また言語能力そのものをテスト結果から知ることはできません。生徒への指導効果，与える影響から目標基準準拠テストの方が望ましいという意見 (Hughes, 2003) が強いようですが，相対評価を行う集団基準準拠テストを排除することは現実的ではありません。多数の集団の言語能力，あるいは目標達成度をみた場合，ほぼ全員が充分に目標を満たしている，目標の言語能力を習得したというケース，あるいはその逆（達成していない）は稀で，個人のテストでの点数とその全体との比較も，言語能力に関する情報を与えてくれる場合が多いとも考えられます。教師としては，目標基準準拠テストを支持したいのが心情かと思いますが，実

際には，選抜や順位付けのため「相対評価」が求められることも多く，絶対評価を行う目標基準準拠テストをメインとしながら，両方を目的に応じて，補完的に用いていくべきというのが現実的ではないでしょうか。

5 直接テストと間接テスト
測定方法が直接的か間接的かという観点からの分類です。

　例えば，生徒がある単語を正確に発音できるかどうかを測る場合，一番良いのは実際に発音させてみることです。英作文能力を測るのであれば，適切な指示を与えて書かせてみると良いでしょう。これらは，直接測定したい技能そのものを学習者に要求しているので，「直接テスト」となります。発音能力を測るために，単語の強いアクセントの位置や，文の中で最も強く発音する語をペーパーテストで選ばせたりするのは，「間接テスト」と言えます。ライティングでの間接テストにおいては，単語の並べ換え（整序作文）や，空欄に単語を入れて（空所補充）英文を完成させる項目があげられます。Hughes (2003) は，実際に行う上でのやり易さという点（実用性）で，間接テストは便利だが，そのテストが本当に測りたい能力を測っているのか（妥当性）ということにおいては疑問が残り，生徒の学習への影響（波及効果）を考慮しても直接テストが望ましいと述べています。この主張はまさに正論であり，生徒の実際の言語運用能力を伸ばしていくという観点からも，直接テストをより重要視していくべきであると考えられます。しかし，限られた授業時数と対象とする生徒数の多さを考えると，日本の中学・高校の英語教育においては困難も多く，直接テストを目指しながらも，より優れた（測りたい能力を測ることのできる）間接テストの作成と有効利用を考えていかなければなりません。

タスク1

1. 過去に受けたテストをひとつ取り上げ，ア）目的，イ）評価方法，ウ）直接テストか間接テストのどちらだったかについてまとめてみよう。

2. 発音に関する知識を問う筆記問題の意義について，グループでディスカッションしてみよう。

コラム 1

プレースメントテストについて

　本文では触れませんでしたが，生徒をレベル分けするテストがプレースメントテストです。これは，ある授業やコースを開始する際に，生徒が自分の実力に適したレベルの授業を受けられるように，事前に生徒の英語力をレベル分けするためのテストです。例えば点数の高い集団は A クラス，中位レベルは B クラス，下位レベルは C クラスのように分けられ，授業が開始されるのですが，生徒を適切なレベルに分けることにより，レベルに応じた効果的な授業の展開が期待されるわけです。日本では，評価等の問題もあり，中学・高校ではあまり行われていないようですが，大学では実施しているところも多いようです。実は筆者も，このプレースメントテストを生徒として経験しました。高校教員時代に，文部科学省派遣により，1年間米国のジョージタウン大学に留学した時のことです。この研修では，全国各地からの 11 名の中学・高校の先生方とともに，日本人教師向けの特別プログラムに参加し，TOEFL で一定のスコアを取れば大学院の授業も履修できました。そこで，学期前に英語力を着けるための ESL クラスを受講するのですが，どのレベルのクラスを受講するのか決めるためにプレースメントテストを受験したわけです。大学自作の問題は，TOEFL とほぼ同じ形式で，リスニング，文法，読解，英作文問題からなり，スピーキングはありませんでした。一応，国を代表してきているという責任感とプライドも有り，筆者を含め参加者全員が少しでも高いレベルのクラスへ入れるよう，真剣に取り組みました。結果はというと，ほとんどの日本人教師が，最上位かその次のクラスに振り分けられました。筆者もなんとか，そのクラスに入ることが出来たのですが，最初の授業に出て驚いたのが，生徒のほとんどが，日本人だったということです。

　我々の他は，企業から派遣されてきた，いわゆる日本人のエリート会社員や商社マン，教師や民間会社を辞め，ジョージタウン大学の大学院で新たなステップを考えている社会人などでした。すでにビジネスで実績を上げている韓国人など他のアジアの方もいました。授業では大学院のレベル

に対応できるよう，専門分野の論文のリーディングやエッセイライティングなどの宿題も多くかなりハードでした。その中で，一番難しかったのが，英語でのディスカッションです。ご存知かと思いますが，アメリカの大学では，文献を読んで，自分の解釈や意見等を述べるディスカッションが重視されるのですが，我々日本人にとっては，それが一番の困難でした。リーディングに関しては予習や復習で準備でき，ライティングも何とか乗り切ることが出来るのですが，英語での，その場での発言は非常にハードルが高く，言うことをある程度準備してきても，話の流れで柔軟に対応することが求められる議論は大変な苦労でした。また，ディスカッション自体もあまり盛り上がらないことが多々ありました。聞くところによると，中南米や他のアジアの国からの留学生が多い（プレースメントテストの結果では中位，下位と位置付けられる）別のクラスでは，むしろこのディスカッションが大いに盛り上がっていたそうです。文法・語彙的には間違いが多くても，誤りを恐れず，とにかく話しまくる他の留学生に比べ，日本人は，正確さを気にするあまり，英語が出てこないということでしょうか。そもそも，英語を話すこと自体，ほとんど教育されてこなかったせいかもしれません。特にスピーキング力の不足を実感し，4技能のバランスのとれた学習の必要性を再確認した経験でした。もし，このプレースメントテストでスピーキングもあれば，クラス分けの結果もかなり違っていたかと思います。このコースがクラスでのディスカッションを重視するのであれば，テストの妥当性，信頼性に問題があったと言えるかもしれません。このように ESL の授業は大変でしたが，大いに勉強になりました。そして，なによりも，世界中の留学生と友人になり，授業外でも交友を深められたことは，英語学習を超えた貴重な経験でした。多くの若者にどんどん海外へ出てこのような経験をしてもらいたいと思います。

第 2 章

テスティングの基礎概念 1
（妥当性・信頼性）

1 妥当性

　妥当性とは，あるテストが測定しようとしている能力や知識を本当に測定しているかという観点です（根岸, 2007）。例えば，駅伝出場選手を決めるのに，陸上部内で 50 メートル走を行うことはまずありえません。また，のど自慢の本選出場者を決定するのに，声の大きさを競わせることもありえないでしょう。長距離走の能力は短距離走ではわからないし，歌のうまさ＝声の大きさではないからで，そのような手法では知りたい情報や測りたい能力を測ることができないからです。テストに置き換えてみると，受験者のある能力を測るのに問題が適切であるか，テストの得点と測定対象能力との強い関連があるかということになり，この関連性を「妥当性」と言います。測定したい能力をしっかりと測っているならそのテストの妥当性は高く，そうでなければ妥当性が低いということになります。若林・根岸 (1993) は単語の強いアクセントの位置を問う問題の正解・不正解と実際の発音との関連を調べ，その結果，正解者の半分は正しく発音できず，不正解者の半分は正しく発音できたと報告しています。つまり，ペーパーテストでの発音問題の成否は実際の発音能力を示すことができず，問題の目的が「発音の能力を測る」ということであれば，きわめて妥当性が低いと言えます。では，スピーキン

グ能力を測るための音読テストはどうでしょうか。たしかに，音読の能力は英語を話す能力にある程度の関係はあるかもしれませんが，実際に自分の英語で何かを表現する活動とは異なる行為であり，妥当性には疑問が残ると言えそうです。このように，テストが対象とした能力を測定しているかどうかという「妥当性」という概念は，テスト問題作成において最重要視されるべき要件です。妥当性は，「内容妥当性」「基準関連妥当性」「構成概念妥当性」，さらには「表面妥当性」などに分類されます。

1.1 内容妥当性

　テスト内容が授業で扱った内容を偏りなく扱っていれば，内容妥当性が高いということになります。例えば，Lesson 1~3 が試験範囲であるのに半分以上が Lesson 2 から出題されていたり，さまざまな受動態の用法が学習した内容であるのに，ある特定の用法が多く出題されていたりしたら，内容妥当性が低いということになります。受動態全般がテスト範囲であるならば，特定の形式，例えば，進行形の受動態や完了形の受動態に偏重して問うことなく，否定形や疑問文，さらには助動詞を含む受動態についても問うべきです。また，授業でおこなった活動をテストに反映させることも内容妥当性を上げることになります。自己表現活動を多くおこなったのであれば，テストにおいてもそのような問題を出題すべきです。そうでなければ，生徒は授業に真剣に取り組まないでしょう。

　筆者がある進学校の公開授業を参観した際に経験したことですが，授業は先生の流暢な英語でほぼオールイングリッシュで行われていました。多くの生徒がその先生の指示に従って音読やタスク活動に参加していたのですが，残念ながら一部の生徒はまったくやる気を示さず，いわゆる「死んだ状態」でした。授業後，その生徒たちから「試験に関係ないからなぁ」といった声が漏れ聞こえたのですが，これはおそらく活動内容と試験内容の一致度が極度に低いことが原因であると考えられます。生徒に真剣に授業に取り組ませるためにも，この内容妥当性を上げることは重要であると言えます。

1.2 基準関連妥当性

　作成したテストが，一般に精密な結果を出すと考えられている「基準となる外部テスト」（英検や TOIEC，TOEFL など）と相関が高いかどうかとい

うことです。また，テスト結果が受験生のその後の運用能力をどの程度予測できるかということも，この基準関連妥当性に含まれます。これらの概念は，今のところ学校でのテスト問題作成との関連はそれほど深くないとも考えられています（靜，2002）が，今後，外部テストが入試に活用されるとなると，教員自作の定期考査や，実力テストの基準関連妥当性の重要度は増していくと予想できます。

1.3　構成概念妥当性

「構成概念」とは，読解力など直接観察できない能力を概念化したものであり，「構成概念妥当性」とは，その概念を適切に測定しているかどうかということです。例えば，読解力テストに未知語を推測する問題が含まれており，未知語の推測が読解力という概念を構成する下位能力とみなせるのであるならば，この問題は構成概念妥当性が高いことになります。まとまった英文を書かせるテストにおいては，英作文能力の下位能力を正確さ・流暢さ・複雑さと全体の構成・内容とするならば，それらの観点から測定・採点することが構成概念妥当性を上げることになると言えます。構成概念妥当性は非常にわかりにくく，最も理解が難しい種類の妥当性と言われています。詳しく述べるのは本書の目的からそれるので，ここでは「テストが測定すべき能力である構成概念を適切に測定しているか」としてまとめたいと思います。

1.4　表面妥当性

テストが測定しようとしている能力を本当に測定しているように受験者に見えるかという直感や印象による判断に関わる妥当性を指します。前述した他の妥当性が高くても，表面妥当性が低ければ，実際には受験生に受け入れられないかもしれません。例えば，コミュニケーション能力を測定するテストにおいて音読が多く課され，実際の言語使用がテストのメインとなっていなければ，表面妥当性が低くなってしまうと考えられます。

このように，妥当性は多様な観点から分類されますが，実際の学校でのテスト作成実施という本書の目的から，前述したように，以降は妥当性について広くとらえ，主に「測定すべき能力を適切に測っているか」というひとつの概念として扱っていくことにします。一見，乱暴に見えるかもしれませんが，妥当性を単一の概念とみる最近の傾向にも合致しています。

❷ 信頼性

　みなさんはいつも昼食はどのように召し上がっていますか。筆者は時間があれば大学近くの某釜揚げうどんのチェーン店かカレーチェーン店に行くことが多く，出張先でもこのうどん店，カレー店に行くことが多いのですが，感心するのは全国のどこのお店にいつ行っても味や辛さはほぼ同じで，期待を裏切られたことがないということです。この「味に変わりがない，一貫している」ということは「信頼性」があるということになります。テストの信頼性とは，あるテストがどれくらい一貫した結果を出すかという度合い，また測定の精度がどの程度高いかという度合いです。つまり，ある能力を測ったテストが，同じ能力を持った受験者から同じ結果を引き出し，同じテストを違う人が採点しても同じ結果が出た場合はそのテストの信頼性が高く，その逆は信頼性が低いということになります。信頼性が 100 パーセントのテストというのはあり得ないでしょうが，信頼性の高いテストを作成するためには，「受験者への指示を明確にする」「問題やテスト項目の解釈に曖昧さを残さない」など，さまざまな留意点があります。どのようにテストの信頼性を上げていくかについては，第 5 章で詳しく扱います。

　また，試験の実施条件をどの集団もできるだけ同じにすることも必要です。例えば，体育の授業で 3,000 メートルを走った後のテストでは生徒は疲れてしまい，本来の実力を発揮できないかもしれません。その場合，そのクラスにとってそのテストの信頼性は低いことになります。実は，筆者も数十年前の北海道での高校受験の際，ストーブのすぐ近くで非常に暑く，テストに集中できませんでした。また，教師になって英検を初めて受験した際は，近所の野球場でプロ野球の試合が行われており，応援や歓声の楽しい音が会場にも届き，プロ野球ファンの私は気が散ってテストに集中できませんでした。したがって，英検という試験自体の信頼性は十分高いと考えられますが，受験環境の不備のため，私にとっては信頼性が低かったとも言えます。つまり，受験環境もテストの信頼性には大いにかかわってくるということになります。自分の高校受験時の経験から，高校教師になってからは受験生が快くテストに取り組めるかどうかを気にかけるようになりました。

　測定の精度の高さに関しては，ふたつの観点から考えなければなりません。第一は，「採点者間信頼性」です。これは複数の採点者が同じ解答を採

点した場合の相関の高さ（同じ点数をつけているかどうか）になります。採点者の主観の入る余地のない多肢選択テストなどの客観テストは誰が採点しても同じ得点になるでしょうが，自由英作文などの主観テストの場合は，点数が違ってくる，つまり，採点者間信頼性が低くなる可能性があります。誰に採点されるかによって点数が違うというのは，生徒にとってはアンフェアなことこの上なく，文句が聞こえてきそうです。これを避けるためには，採点の明確な基準を設けることが必要になります。採点者間信頼性について，少し古いのですが，私も参加した今でも強く記憶に残っている研究を紹介したいと思います (Ushiro et al., 2005)。この研究では 102 人のある程度英語のできる国立大学の学生に英文和訳をしてもらいました。私を含めて，当時，各県（道）から大学院に派遣されていた現職の高校教員 4 名で採点したのですが，その結果が採点者により大いに異なりました。訳文をさまざまな観点から分析的に評価する分析評価を用いた採点者と，全体的な印象で評価する総合評価を用いた採点者の違い，日本語の表現に関する解釈の違いなどが明らかになりました。実際に採点してみて，日本語訳から受験者の英文の理解を測ることの難しさを再痛感したことを覚えています。このことは，英文和訳問題の信頼性の低さと，そもそも英文和訳がきちんと英文理解を測れるかという妥当性への疑念を示しているかと思います。

　第二は「採点者内信頼性」です。みなさんはテストの採点時，体調や気分，状況によって，特に採点に主観や判断の入る場合に点数の付け方が違ってしまったという経験はありませんか。私はある運動部の顧問をして大会に生徒を引率していたとき，試合の合間の時間に（しかも車の中で）採点をしたことがありましたが，ミスを連発し，記述問題の採点基準も揺れてしまい，結局もう一度やり直す羽目になりました。高い採点者内信頼性を確保するためには，採点に適した環境でしっかりと集中して行うことが大切というわけです。また，もし可能であれば，同じ採点者が同じ問題の採点を時間をおいて 2 回おこない，点数の相関が高いかどうかを調べて採点者内信頼性の確保を確認することも重要です。2 回の採点に差があった場合は第三者にもみてもらい，もう一度判断して採点の精度を上げることが考えられます。生徒の頑張りをしっかりと評価するために，信頼性の高い問題を作成し，信頼性の高い採点をすることが教師にとって非常に重要であると言えます。また，充分な時間をかけてテストを作成し，充分な時間をかけて採点もできる

先生方の勤務環境の整備も切に望みたいと思います。

❸ 妥当性と信頼性の関係

　ここまで妥当性と信頼性について説明してきましたが，ここでは２つの関係について簡単に考えてみたいと思います。第一に，信頼性がなければ妥当性もなくなってしまうということです。そもそも正確な測定ができずに，テストが安定した確かな情報を提供していなければ，当然そのテストには妥当性がなくなってしまうということになります。ややこしいのは，信頼性は高いが妥当性は低いということが起こりうることです。つまり，信頼性はテストそのものに内在する性質ですが，妥当性はテストがどのような目的で，どのような能力を測るかということに左右されます。例をあげると，長距離走の能力を測るのに 100 メートル走のタイムを複数回測定するとしたらどうでしょう。長距離と短距離では必要とされる能力はまったく異なりますから，明らかにこの測定には妥当性がありません。ですが，100 メートル走のタイムは何度測ってもある程度は安定した信頼性の高いデータを提供してくれます。つまり，測るべき能力を測っていないのに，その測定結果がほぼ一定であるときに，その方法（テスト）を採用してしまう危惧があるということになります。では，筆記試験における発音問題はどうでしょうか。単語の発音に関する知識は，特化して覚えていくとある程度は安定して維持することができるでしょうから，信頼性が高いということになります。また，記号や番号での回答であれば採点における信頼性も問題ありません。しかしながら，正確に回答できたからといって，その単語をしっかりと発音できるかどうかはまったくわかりません。つまり，測るべきことを測っていない，妥当性が低いということになります。授業ではタスクやコミュニケーション活動を多く行いながら，定期考査では読解や文法問題を問う場合も，信頼性は高そうですが内容妥当性はほぼないと言えます。このように，英語のテストにおいては，信頼性は高いが妥当性に問題があるという場合が非常に多いということです。これらの例は極端でわかりやすいかと思いますが，妥当性は言語テストにおいて最も重要な要件でありながら，妥当性を検証し高めていくことは，信頼性のそれに比べて非常に複雑で難しいので，ある程度，妥当性を犠牲にして信頼性の高い問題を採用しているという現状があります（Alderson

他，1995）。例えば，多肢選択問題の信頼性を高めるためには選択肢の数を増やすといいのですが，そもそも多肢選択問題に妥当性があるかどうかについては議論の余地があります。妥当性と信頼性の双方を完璧に求めることは現実的には不可能ですが，どこかで折り合いをつけ，できるだけ両方をバランスよく上げていく必要があります。妥当性と信頼性を上げる方法については第5，6章で具体的に扱います。

④ 信頼性を示す指標

　信頼性は妥当性と違いテストそのものに内在する性質なので，客観的に数値によってその高低を示すことができます。最も古典的な方法は同じテストを同じ受験者に2度解いてもらい，2つのテスト間の相関係数を産出するという「再テスト信頼性」です。係数が+1に近いほど信頼性が高いということになります。しかし一人に同じテストを2度受けてもらうことはあまり現実的ではありません。一般には1つのテスト内の項目を2つに折半して分析する折半法による信頼性がよく使用されます。その中でも良く用いられる「クロンバック・アルファ (α)」を紹介しておきます。+1に近いほうが信頼性は高くなります。測定するものによって異なりますが，一般には0.8以上の値で信頼できるテストと判断されます。統計ソフトがあれば自動で計算してくれます。

・クロンバック・アルファ (α) の求め方

$$\alpha = \frac{項目数}{項目数 -1} \times \left(1- \frac{各項目の分散の合計}{合計点の分散} \right)$$

タスク2

1. 自分の経験した　ア）妥当性・信頼性の高いテスト，イ）信頼性は高いが妥当性の低いテストをグループで紹介してみよう。

第3章

テスティングの基礎概念 2
（波及効果・実用性）

◢1 波及効果

　1990 年度から 2020 年度まで実施されたセンター試験には当初，リスニングが含まれていませんでしたが，2006 年度から導入されることになりました。これにより，授業では生徒のリスニング力を養成するための新しい教材や活動を導入されるようになり，また生徒も，日頃より，積極的に英語を聞くようになるなど，学習スタイルも変わりました。また，英語をコミュニケーションツールとして意識する生徒も増えたと言えます。まさにリスニングテストの導入が授業や英語学習に影響を与えたと言えるでしょう。

　このように，テストが学習者に与える影響を「波及効果」といいます。入学試験のような大規模かつ結果の影響が重大であるテスト (a high-stakes test) の場合は，英語教育界だけでなく社会にも影響を与え，カリキュラムや教師の教え方も変わってくるという波及効果も考えられます。

　「テストのために勉強する」──そもそもこのことを疑問視する方もいらっしゃるかもしれません。例えば，将来英語を使って活躍したいであるとか，英語で多くの人とコミュニケーションしたい，英語母語話者の文化を受け入れて自分もその中に入っていきたいといった「統合的動機付け」や，英語を学ぶこと自体が楽しい，満足感・充実感を得られるので勉強するといった

「内発的動機付け」が大切ではないか，そう考えることもできます。しかしながら，前にも書きましたが，日常生活で英語を使う必要がなく，外国語として，あるいは試験科目のひとつとして英語を学んでいる日本人学習者にとっては，英語の文化的背景などに興味がなくても，入試や学校の試験で良い点数をとりたいという功利的目的である「道具的動機付け」や，「合格」や良い「成績」という報酬を得ることができるので勉強するといった「外発的動機付け」も非常に重要になります。試験のために勉強することをネガティブに捉えず，本当に生徒の英語力を伸ばすテストを作成し，それに向けて効果的かつ生徒が充実感の得られる授業を展開することを目指すべきではないでしょうか。課されるテストが本当に生徒にとって身に付けるべき能力をしっかり測っているのであるならば（これがなかなか難しいのですが），「テストのために勉強する」ことは何ら問題はないと筆者らは考えますし，むしろそれを支援できる効果的な教え方をしていくべきだと考えます。

　さて，テストが授業内容や生徒の学習に良い影響を与えるのであれば，これは望ましい波及効果となります。以下は Hughes（2003）で挙げられている望ましい波及効果のためのいくつかの方策を，日本の教室環境に即するように筆者が意訳したものです。

1) 伸ばすことが奨励される能力を測る

　例えば，スピーキング能力を伸ばしたいのならスピーキングをテストすべきということです。音読力を伸ばすことを重視して，授業でも時間を割いて行っているのであれば，テストでも音読を入れることによって，生徒もより一層うまく音読ができるように頑張るという効果が期待できるということです。また，伸ばしたい能力の配点を高くすることも重要です。例えば，定期考査で単語の知識，文法，読解力，英作文が測るものとして含まれているとして，この学期においては読解力養成を重視しているならば，その配点を一番高くするということになります。

2) 広範囲から公平に出題する

　試験範囲の一部から特定の知識や特定の個所の学習の成果を問うような問題を出題すると，生徒は範囲内を広くしっかり勉強してこなくなることが考えられます。ヤマをかけて勉強することも考えられるでしょう。試験

範囲内の対象となる項目を公平にカバーした問題を常に出題することによって、生徒もきちんと範囲内を勉強してくるという波及効果が予想されます。

3) 目標基準準拠テストにする

　他の生徒の出来に関係なく、目標を達成しているかどうかで評価されるテストにすることによって、生徒の学習への動機づけを高めることができます。また、難しい問題ばかりではなく、学習成果をしっかりと反映でき、生徒が自分で満足のいくパフォーマンスができるテストにすることも、良い波及効果のためには重要であると言えます。評価基準は明確なものにし、テスト前に生徒に伝えておくようにします。

4) 授業の目的に沿ったテストにする

　テストは授業内容を反映した内容であることが大切ですが、それよりもまず、達成すべき目標に基づいて作成されているかが重要になります。つまり、身に付けるべき知識・技能として設定された能力を測るということです。これにより、授業を目標に沿った内容にしていかなければいけないという意識を教師が持つことができ、教師への良い波及効果にもなると考えられます。

5) 生徒に内容、形式などについて伝える

　テスト自体の波及効果ではありませんが、教師がテストのポイントや内容・形式を事前に生徒に伝えることも大切です。生徒が何をどう勉強すれば良いかわかり、モチベーションも上がります。具体的な勉強方法を教えることも効果的だと言えます。

以上 Hughes (2003) をもとに簡単にまとめましたが、学習者のレベルに応じた問題を使い、あまりやさしすぎる問題や反対に難しすぎる問題は使わないことも重要です。「頑張ればいい点がとれる」というレベルで出題するのが良いでしょう。テストの波及効果からは少し逸れますが、テストに向けて学級を勉強モードにしていく工夫も考えられます。筆者は高校教員のときに、定期考査前に毎回クラスで分担して各教科の予想問題づくりをさせてい

たことがあります。英語の予想問題でもドンピシャで当たっていることもあれば，まったく外れていることもあるのですが，あくまでも静観を基本とし，質問に来れば可能な範囲で答えていました。担当の生徒にとっては負担にはなるのですが，問題を考えることも自身の勉強になり，またクラス全体で試験に向けて頑張ろうという雰囲気をつくるのに効果的であったと思います。

　なお，波及効果には望ましくない（マイナスに働く）ものもあります。上で紹介した 1 から 5 の反対をおこなえば，望ましくない波及効果となります。また，静 (2002) では次のようなマイナスの波及効果例を具体的に示しています。

出 題 内 容	波 及 効 果
英文和訳を課す	英語は日本語に訳して読むという態度の育成？
和文英訳を課す	他人の書いた日本語を英語に直すことの奨励？
内容に関係のない構文の複雑な英文を問題にする	内容より構文に注視して読むという態度の育成？
少数の英文を出題し，内容と関係のない語彙や発音に関する知識，文法問題を問う	内容よりも，英文を「解剖」しながら読む態度の育成？

　この波及効果の内容については非常に説得力があります。筆者は先日，あるベテランの中学校の先生とテスト問題作成について話す機会がありました。その先生は，生徒が隅々までしっかり勉強しているかどうか試すために，実際の言語使用においてはあまり重要ではない，いわゆる「重箱の隅をつつく」ような知識を問う問題を出すようにしているとのことでした。その方は生徒の実力がわかるとおっしゃっていましたが，このような問題を出し続けると，本来学ぶべき項目よりも，その先生が試験に出しそうな些細な事柄を予想して勉強する態度が生徒に身に付いてしまう可能があります。これも望ましくない波及効果の一例であると言えます（その先生は，ご自身でもこのような出題に疑問を持たれていたということで，以後は再考してみるとのことでした）。

さらに靜 (2002) では，特定の形式が出題されないことによる望ましくない波及効果についても触れています。例えば，リスニング・スピーキングや自分の考えを英語で表現するなどの試験を課さないことで，これらの能力を軽視あるいは無視する態度を育ててしまう可能性があるとしています。みなさんも日々の授業で，試験に出るから勉強する・頑張る，出なければやらないという波及効果の影響を感じることもよくあるのではないでしょうか。筆者も生徒から「先生，これ試験に出ますか？」とよく聞かれました。「これ大事ですか？」「ここ必要ですか？」など，さまざまなヴァージョンがありましたが，つまりは，勉強しておくべきかどうかという問いです。筆者は現在，大学でバランスの取れた4技能の向上と，英語でのコミュニケーション能力の育成を目指した「外国語コミュニケーション」を担当しているのですが，授業ではペアやグループでのタスクやコミュニケーション活動を多く行っているのに当初は筆記試験のみで，普段の活動を評価するとはしていましたが，英語での口頭応答試験は行っていませんでした。したがって，必ずしもすべての学生が積極的に活動に取り組んでいるとは言えませんでした。ところが，正式な英語でのインタビューテストを行うようにしてから，授業でのタスクへの取り組みも，より積極的に真剣になったと感じています。これも，試験で会話テストがあるから，上手くなるように頑張るという，波及効果の一例です。

　波及効果を意識することは，「テストに向けて生徒にどのような勉強をさせたいか」という視点を持つということですが，同僚と意見交換する，または生徒自身に確認するなどして，本当に良い波及効果があったかどうかを検証することも必要かと思います。例えば，ある期間内で習得してほしい知識・技能を授業で重点的に扱い，試験にも出題するとします。当然，生徒はそこを勉強するので，良い波及効果があると考えられるのですが，対象とした知識・技能のみを重視する態度を育ててしまう可能性も考えられます。したがって，波及効果を検証する上では，短期間の効果だけではなく，長期的な視野に立ち，生徒の英語力を伸ばせているかどうかを考える必要があると言えます。

　では，波及効果によって大幅に授業は変わるのでしょうか。筆者は，波及効果は授業が変わる数多くある要因の重要なひとつではあるものの，波及効果のみによって授業が変わることはないと考えています。教え方が教師によって

異なるのは，その教師の信条や信念の違いによる影響も大きいのではないでしょうか。例を上げると，「主に英語による授業」が中高に導入されましたが，主に「英語での授業」を実践できる英語力があり，生徒の英語学習にも効果的だと信じている先生方は，トップダウン的に「英語での授業」が降りてくる前に，すでに「英語での授業」を実践していた場合が多いかと思います。

渡部 (2004) は，テストを変えるだけでは教育は変わらないと主張し，教師の力量やテストへの理解，授業環境などの要件が満たされなければならないとしています。さらに，望ましい波及効果で教育を向上させていくには，テスト使用環境，社会，文化，心理など種々の複雑な要因が関わってくると述べています。2017 年当時，文科省は民間試験を利用するなどして，大学入試に「書く」「話す」を入れる改革を推し進めようとしたことがありました。公平性，公正性の問題から，結局はこの改革は実現しませんでしたが，仮に，上手くいったとしたら，高校の授業が変わったということも可能性としてはありえます。しかしながら，「トップダウンで降りてきたから」「入試が変わったから」授業も変わるという単純なものではなく，先生方が「正しい」と思って実践し，生徒もやりがいを感じて学んでいくことが重要かと思います。以下に，筆者らも所属している日本言語テスト学会が 2017 年 1 月に文部科学大臣に提出した「大学入試改革に関する提言」を紹介します。

波及効果だけに頼らない方策：これまでの波及効果の実証研究を概観すると，4 技能テストを導入するだけでは，高校の英語教育改善につながるとは限らないことが予測される。これらの研究の知見を十分鑑み，より良い波及効果を起こすような方策を策定し，実行すること。同時に，英語教育の改善をテスト改革のみに頼るのではなく，教員の指導力向上を目指す教員養成・教員研修の強化を実現するため，以下の 2 点を行うこと。i. 言語テスト研究における成果を十分反映させつつ，教員養成課程や教員研修の内容を精査すること。ii. その内容に，英語教育におけるテスト本来の役割と教師が果たすべき役割，テストについての基礎知識と適切な使用方法を含めること。

授業改善のためには，波及効果とともに，あるいはそれ以上に教師自身の役割が大きいのは自明であると考えられます。

2 実用性

　信頼性，妥当性がともに高く，望ましい波及効果のあるテストを実施する
には，時間や労力，さらには膨大な心理的負担がかかることがあります。例
えば，スピーキング能力を測るための口頭面談テストを3クラス，合計120
名で行う場合を考えてみると，ひとり10分として，合計20時間必要です。
さらに，録音したやり取りをすべて聞いて点数をつけていくためには膨大な
時間がかかり，現実的には非常に難しいと言えます。このように，テストが
実際に実行可能かどうかという概念や程度を実用性と言います。このテスト
の実用性は，テストの作成，実施，採点，点数・結果の解釈の観点から見る
ことができます。上の例でいうと，作成に関してはトピックを準備する程度
なので問題なさそうです。解釈については，直接スピーキング能力を測って
いるので実用性は高いと判断できます。しかしながら，実施，採点に関して
は非常に時間と労力がかかり，実用性は極度に低いと判断せざるを得ず，し
たがって総合的には，このスピーキングテストの実用性は低いとなりそうで
す。では，筆者の「外国語コミュニケーション」で毎週あるいは隔週で行っ
ている自由英作文課題はどうでしょうか。作成，実施についてはトピックを
設定し，宿題としているので問題はありません。解釈もライティングの直
接テストなので実用性は高いと言えます。問題となる採点ですが，大体20
名から30名のクラスなので，200語程度の英文を読み，気になる誤りにフィ
ードバックし，簡単なコメントを書くのにひとり5〜6分とすると，合計
で1時間40分から3時間という計算になります。筆者の場合，なかなかま
とまった時間を取ることは難しいので，時間を見つけて何回かに分けて採点
をしています。たしかに，自由英作文課題の採点は大変ですが，これを負担
大として実用性は低いと判断するかどうかは教師自身の判断になります。も
し妥当性・信頼性ともに高く，さらに良い波及効果も望めるのであれば，た
とえ大変でもできるだけ実現・継続していくことを目指すべきではないでし
ょうか。大変さ，実用性の低さを理由に（あるいは言い訳）にして適切な
テストをおこなわないことの代償も大きいと言えます（Hughes, 2003: 靜,
2002)。もちろん，ひとりの先生が負担を抱え込まず，他の先生方と協働し，
環境整備などの支援を受けながら実施できるのが理想です。

❸ 真正性と公平性

　さらに，テストにおける大切な要件として「真正性」と「公平性」が挙げられます。真正性とは，テストのタスクが実際の英語運用にどの程度近いかという概念や度合いを指します。実際に話したり書いたりするといった現実の英語使用状況にテスト条件が近く，テストで使われる英文や情報などの資料が母語話者が普段使用するような表現を使用しており，現実社会で使用されている本物に近ければ，真正性は高いと言えます。コミュニケーション志向の高まっている現在，真正性は注目を浴びており，授業やテストの場面と現実社会の言語使用場面とに差があると実際のコミュニケーションに対応できないという考えにはたしかに説得力があります。しかしながら，本物の教材を用いて実際に使用場面を設定してテストするには，学校現場では限界があることも事実です。さらに，真正性の高い教材は，日本人学習者にはわかりにくいものも多く，実際に英語を使う機会のほとんどない日本の EFL 環境と，特に中学・高校の英語教育という観点から，真正性に過度にこだわる必要はないと筆者は考えています。特定の言語項目に焦点を当てるために充分な検討を重ねたうえで作成された検定教科書を基本にして，時に適切に精査したうえで，あくまでも補完的に真正性の高い教材を授業やテストで用いるべきだと思います。

　公平性とは文字通り，すべての生徒が公平に受験でき，採点も公平に行われるという概念や度合いです。センター試験にリスニングがなかなか導入されなかったのは，受験生の座る位置によって聞き取れる音声の質や大きさに差が出てしまい，公平性が確保できないのではないかという問題があったことが一因です。結局，機器を使用することで，この問題は解決されました。また，英文のトピックが一部の生徒にのみ有利になったり，特定の生徒が問題形式に慣れていたりするということも，公平性を下げてしまうことになります。採点に関しては，採点者の主観が入る余地が高ければ高いほど，公平性が低くなる可能性があります。こうしてみると，信頼性や妥当性の高い問題を出題することが，公平性を維持することになると言えますが，公平性を意識しすぎると，良い問題を作るのが難しいということもあります。例えば，採点の公平性を維持するために，選択問題，正誤判定，穴埋め問題のみを出題するということはあり得ないでしょう。また，あるトピックに関する

背景知識をすべての生徒が等しく共有している（あるいはしていない）とい うことも現実的にはあり得ないかと思います。Brown (1996) は公平性を絶 対的な基準としてとらえる必要はないと述べていますが，筆者も同意しま す。できるかぎり公平性を維持したうえで，妥当性や信頼性の高いテストを 作成，実施することが重要であると考えます。

タスク3

1. 自分の英語学習の動機付けについて，「統合的動機付け」「道具的動 機付け」「内発的動機付け」「外発的動機付け」の観点から分析して みよう。

2. 今まで受けた試験の中で，良い波及効果と悪い波及効果のあった試 験を挙げ，グループで紹介しよう。

第4章

テスト結果の処理：
その解釈と分析に関して

　第4章では，テスト実施後にその結果を詳しく分析し，その後の考査作成に役立てるために教師として知っておくべき指標を出来るだけわかりやすく述べていきます。

❶ 平均値，中央値，最頻値

　テストの採点後，先生方がまず行うのは，平均値 (mean) の計算ではないでしょうか。点数の総計を受験者数で割ることで簡単に計算できるこの平均値は，教師，生徒にとって非常に気になる値でもあります。「このクラスは今回は平均点が低いなぁ」とか生徒の「平均点より高くて安心した」などという声はよく聞きます。確かに平均値は有益な情報ですが，それでは見えてこないこともあります。以下はある2クラスの定期考査の結果です（わかりやすくするために生徒数を 15 名として，結果も極端な仮の数字を用いています）。

表1　A組とB組のテスト結果（出席番号順による）

生徒（出席番号）	1	2	3	4	5	6	7	8	9	10	11	12	13	14	15	平均値
A組	95	15	60	35	75	50	85	60	65	70	45	80	25	90	10	57.3
B組	60	63	50	52	53	71	55	57	60	60	45	61	50	68	55	57.3

両クラスの平均点はともに 57.3 点と同じですが，この表を得点順に並べ替えてみると，他に重要なことが見えてきます。

表2　A組とB組のテスト結果（点数による順番）

生徒（出席番号）	得点（低）							8番目						(高)	平均値	中央値	最頻値
A組	10	15	25	35	45	50	60	60	65	70	75	80	85	90	95	57.3	60	60
B組	45	50	50	52	53	55	55	57	60	60	60	61	63	68	71	57.3	57	60

　最頻値 (mode) は最も多かった得点を表します。ここでは AB 組ともに 60 点となります。中央値 (median) は得点を最低点から最高点を順番に並べて中央に位置する得点を示します。例えば，受験者が 15 人あれば 8 番目に来るのが中央値となり，この場合は A 組は 60 点，B 組は 57 点となります。これら，平均値，最頻値，中央値はクラス全体の到達具合の傾向を知るのに役立つデータで，2 クラスについてはほぼ同じと言えます。しかしながら，個人個人の点数の分布を見るとどうでしょうか。A 組は 10 点台 2 名，20，30，40，50 点台に各 1 名，60 点台 3 名，70，80，90 点台に 2 名で，最高点 95 点，最低点 10 点と，点数に大きな開き，ばらつきがあることが分かります。それに比べて B 組は 40 点台 1 名，50 点台 7 名，60 点台 6 名，70 点台が 1 名で，最高点は 71 点，最低点は 45 点となっていて，点数のばらつきが非常に小さいと言えます。この度数分布をヒストグラムにまとめると以下になります。ヒストグラムとは，すべてのデータをいくつかの階級に分け，その頻度数を柱状にして示したグラフのことです。階級の分け方は任意で調節が可能ですが，100 点満点のテストの場合は，下のように 10 点刻みで示

されることが多いようです。なおこのヒストグラムは EXCEL で簡単に作ることができます。

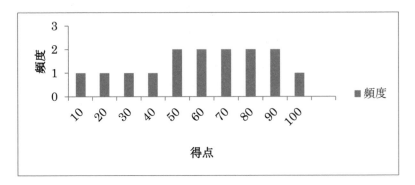

図1　A組の得点分布

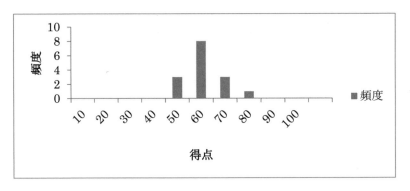

図2　B組の得点分布

　両クラスの得点分布の違いが一目瞭然ですね。このデータから，A 組は出来る生徒，英語の苦手な生徒の両者にとって，満足度の低い授業と言えるかもしれません。ある生徒にとっては物足りなく，またある生徒にとっては難しすぎ，教師も授業の雰囲気があまりよくないと感じているかもしれません。生徒の個人差が大きいので，実力に応じた個別の指導や，授業内容の工夫が求められるといえます。B組では，全体的にさらにレベルアップを目指した指導が求められるといえそうです。皆さんも複数クラスで授業を担当

し，平均値にそれほど差がなくても，授業の雰囲気や，生徒の積極性が違っていると感じたことがあるかと思いますが，この散らばりの差が原因である可能性があります。

2 範囲，分散，標準偏差

A組とB組では点数の散らばり具合に大きな差があるといえますが，これを具体的に示す指標が，範囲 (range)，分散 (variance)，標準偏差 (standard deviation) です。範囲とは最高得点と最低得点の差で，A組は85点，B組では26点となります。分散と標準偏差は，平均点を起点として，どの程度集団内の点数が散らばっているかを示す数字です。個々のデータが平均値からどれほど離れているかを1つの数値によって表しています。では，具体的に計算方法を説明します。まず，分散ですが，①各個人の得点から平均点を引きます。この値をすべて合計すると0になってしまいますので，②次にその値を2乗し，③その生徒全員の値を合計します。そして，④最後に合計値を生徒数で割ると分散が算出されます（推定統計では，統計上の精度を高めるために実際には生徒数から1を引いた数で割ることが多いです）。しかしこの分散という値は，個々のデータと平均値との差を2乗した数を用いるため，数値が大きくなって使い勝手がよくありません。そこで，分散の平方根をとることにより得られる標準偏差が一般にはよく用いられます。計算機でも分散値を入力後，√を押すことで得られます。表1を使って計算するとA組は分散 = 672.9，標準偏差 = 25.9，B組は分散 = 45.7，標準偏差 = 6.8となり，明らかに，Aクラスの点数のばらつきが大きいとわかります（エクセル2016による値。手計算では少し異なる可能性があります）。ある生徒が，学年での平均点がほぼ同じだった英語のテスト① ②の両方において，平均点 + 10点を取った場合において，①の標準偏差が35，②は7だとすると，②のテストでの平均点 + 10点の方が，価値があると言えます。

3 偏差値

受験指導や外部模試の結果の分析で重宝される，というよりも，教師，生徒にとってお馴染みなのが偏差値です。例えば，あるテストで70点取った

としても，そのテストの平均点が 50 点の場合と，60 点の場合では，点数の意味が違ってきます。異なるテスト間でも自分が受験者の中でどのくらいの位置にいるのかを客観的に比較したいときに，この偏差値が用いられます。算出方法ですが，まず（得点－平均点）÷標準偏差，という式によって得られる標準得点を算出します。この場合，平均点をとった生徒の標準得点は 0 です。平均よりも高い点数を取った生徒はプラスの値に，平均よりも低い点数の生徒はマイナスの値になります。標準偏差で割っているため，集団のばらつきが大きいほど高い（低い）標準得点は出にくくなります。この標準得点の問題点は，先ほどの分散と逆で数値が大変小さくなってしまうことと，中央値が 0 になるため直感的に分かりにくいことです。そこでこの数値をもっと直感的に分かりやすくしたものが偏差値です。標準得点に 10 を掛け，50 を足して得られる値が偏差値となります。こうしますと中央値が 50 となり，ばらつきがひろがりますので，100 点満点のテストのように直感的に扱いやすくなるというわけです。

$$[（得点－平均点）÷標準偏差] \times 10 + 50 = 偏差値$$

　表 1 の A 組の出席番号 1 番の生徒の偏差値は 64.2，2 番の生徒は 34.0，B 組の出席番号 1 番の生徒の偏差値は 53.3，2 番の生徒は 57.0 となります。平均点と同じ点数だと偏差値 50 という値になります。偏差値は生徒の実力を知るうえで，非常に有益な情報ですが，気を付けなければいけないのは，受験者集団によりその値が大きく変動するということです。例えば，ある生徒が受験者層の英語力が高いテスト A と中くらいのテスト B で，自分の実力を発揮した場合，必然的に，B のテストでの偏差値が高くなってしまいます。また，一人がテスト A で偏差値 55，他の一人がテスト B で偏差値 57 を記録した場合，B の方が実力が上とは言えません。むしろ逆かもしれません。このように，偏差値はテスト受験者層のレベルに依存することになるので，解釈には注意が必要です。

4 テスト項目の分析

　ここからは，テストの項目に関する指標を説明していきます。

4.1 正答率

　どのくらいの割合の生徒が正解していたかを表す指標です。受験者全員が正解したら 100%，逆に正解者がいなければ 0% となります。一般に「60% くらいがちょうどいい」とよく耳にし，正答率が 20% を下回る問題は難問題，90% を上回る問題は易しい問題といわれることがありますが，授業内容や，出題の意図と合わせて検討すべきです。また，後で述べる識別力と合わせて検討することも必要です。

4.2 識別力

　弁別力とも言いますが，これはそのテスト項目が能力の高い受験者と低い受験者をどの程度識別（弁別）してくれるかという指標です。例えば，ある項目 A に能力の高い生徒の多くが正解し，低い生徒の多くが不正解だった場合，この項目 A は識別力が高いということになります。逆に，項目 B の正解者に能力の高い生徒と低い生徒が混在していた場合は識別力が低いとなり，できない生徒の方が正解していた場合は識別力がマイナスとなります。この識別指数は以下の計算で求められます。

$$\frac{（上位 25\% の正解者の人数 - 下位 25\% の正解者の人数）}{全受験者の 25\% の人数}$$

例えば 100 名が受験した試験の項目 A の識別指数を計算する場合，合計得点の上位 25 名と下位 25 名がどれだけその問題に正解したか調べます。仮に上位で 22 名，下位で 5 人だったとします。次にこの差を 25 で割ると 0.68 となり，これが識別指数となります。項目 B では上位者の正解 15 名，下位者の正解 10 名とすると，識別指数は 0.2 となり，項目 A の方が，識別力が高いといえます。一般に 0.2 を超える項目は問題がなく，0.4 以上で良問と言われますが，正答率が非常に高い場合や逆に低い場合は識別力は低くなることに注意しなければいけません。多くの生徒に正解してもらう意図で出題した易しい問題や，チャレンジングな難しい問題で 0.2 より低い識別力が仮に出たとしても，これは問題にする必要はありません。特に，定期テストの場合は，一人でも多くの生徒が正解できることが理想であるので，識別力にこだわる必要がないという考えも成り立ちます（靜，2002）。しかしながら，

正答率が極度に高くも低くもない項目の識別力が 0.2 より低い場合は，妥当性，信頼性に欠け，削除すべき問題である可能性が高いと言えます。しっかりと見直す必要があるでしょう。

　識別力の別の求め方としては，受験者を合計得点順に並べて上位 3 分の 1 のある項目における正答率から下位 3 分の 1 の同じ項目の正答率を引くというやり方もあります。

ある項目の識別力＝上位者のその項目の正答率－下位者のその項目の正答率

　正答率 100％なら 1.0，50％なら 0.5 として計算します。＋1 に近づくほど識別力の高い項目となります。マイナスの値が出る場合は，その項目に何らかの問題があると考えて良いでしょう。

4.3　選択率

　多肢選択問題において，その選択肢がどの程度選ばれるかという指標が，選択率です。これは以下の計算で簡単に求められます。

$$\frac{(その選択肢を選んだ受験者数)}{(受験者総数)}$$

以下の選択肢をみてください。（筆者作成による仮の問題）

問 1	According to the author	選択率
	① Rugby is just a violent sport	0.08
	② Rugby was played only in NZ.	0.18
	③ Rugby is an ideal team sport.	0.59
	④ Rugby was not played in Africa.	0.15

③が正解で正答率も 59％とまずまずです。②，④もある程度の受験生が選択しており，選択肢として機能しているといえます。しかしながら，①を選んだ受験生は 8％と非常に少なく，受験生がすぐに間違いと分かるあまり意味のない選択肢と言えそうです。逆に，選択率の高い誤答の場合は，いわゆる「ひっかけ問題」になっている場合も考えられ注意が必要です。

タスク4

以下はC組のテスト結果です。

1) グループで分担して，ア）平均値，イ）最頻値，ウ）中央値，エ）範囲，オ）分散，カ）標準偏差を調べよう。

2) ヒストグラムを作成し，このクラスの特徴を話しあってみよう。

表3　C組のテスト結果（出席番号順による）

生徒 （出席番号）	1	2	3	4	5	6	7	8	9	10	11	12	13	14	15	16	17	18	19
C組	50	61	50	86	55	50	85	60	65	70	45	80	25	90	10	60	63	50	63

コラム2

Excel 使用に関して

　適切なテストデータの処理と分析を行うことにより，今後のテストの質を向上させることができ，さらに教師自身の授業を見直すために良いヒントを得ることができます。このデータ処理と分析には Excel などのソフトを使用することになるのですが，ソフトの使用にあまり気が進まない，苦手だという先生方も多いかと思います。実際，スマートフォンには精通している筆者の学生の中にも Excel を使っての分析は難しいと考えている者が多いようです。筆者自身もどちらかと言えば，アナログ人間なので，その気持ちは痛いほどわかるのですが，本書で紹介したような分析に関しては，深い知識や技術，専門知識が必要とされることはなく，ほんの少しの練習で簡単にできます。筆者の授業でも，最初はしぶしぶ Excel で分析をやってみたが，次第にはまっていき，最終的には筆者以上に上手に使いこなすようになった学生もいました。食わず嫌いにならず，まず始めてみることが大事ですね。

第5章

妥当性，信頼性を考慮した問題作成

　これまで，テストに関する様々な理論的概念についてみてきました。良いテストを作成するためには，まず妥当性，そして信頼性を考えなければいけないことも述べてきました。さらに，他の概念と，その概念を満たしているかどうかについての指標についても触れてきました。再確認したいのは，「妥当性・信頼性の高いテストを作成するためには，その問題で，何を問いたいのか，どのような能力を測りたいのかを明確にし，一貫してその測るべき能力を測定していること」ということになります。この第5章では主に高校・大学入試問題を題材として，より質の高いテストをどのように作成すべきか議論していきます。そのためには，妥当性と信頼性の両面から，問題作成・実施した問題の検証を行っていくことが重要になりますが，妥当性と信頼性についてはその区分を必ずしも明確にする事は出来ないとも言われており（Alderson 他，1995），したがって，各項目の後に，主にどちらに該当するかを記しています。なお本章では，各セクションにタスクを置いていますので，随時活用してください。

❶ 指示を明確に：作題意図との受験者の受け取り方とのギャップ（主に妥当性）

　下の例は，授業で様々なスポーツ競技名を学んだあとの小テスト問題です。どこに問題（欠陥）があると思いますか。

　空欄に英単語を入れなさい。　　　Otani is a (　　　　) player.

正解は baseball なのですが，ここには pro-, good, cool, wonderful 等，数限りない正解が考えられます。作問者としては，生徒は baseball という単語を学んだ後なので，当然そう答えてくれると考えていたのでしょうが，生徒は必ずしもそう反応してくれるとは限りません。作題意図と受験者の受け取り方とのギャップはよく起こる問題です。問題の曖昧さを解消するために，「大谷選手のプレーしているスポーツを英語で書きなさい」とすれば良いかもしれません。しかしながら，大谷選手についての知識（背景知識）がないと答えられないことになります。また，背景知識が豊富にあり，大谷選手が趣味で野球以外に行っているスポーツを知っていたら，そのスポーツ名を解答する生徒がいるかもしれません。このように，複数の解答が考えられるため，背景知識に依存する問題は避けた方が良いでしょう。授業において先生が大谷選手について話題としているという前提ならば，「大谷選手がプレーしているスポーツ名を英語で書きなさい」とすると，正解は baseball のみになり，妥当性・信頼性ともに問題ないと言えます。

　次の例は実際に中学校の定期考査に出題された問題を参考に筆者が若干，手を加えたものです。

　次の会話が成り立つように英文を完成させなさい
　A: (　　　　　　　) go to the movies this afternoon?
　B: Yes, let's.

正解は Shall we ということですが，これも Do you want to や You want to,あるいは単に Let's などの解答があった場合は全くの不正解とみなすのでしょうか。作問者の意図としては，授業で助動詞 Shall を扱ったので，生徒も

そのように解答してくれるだろうということなのでしょうが，コミュニケーションという観点からは，他の正解の可能性もありそうです。修正案としては，以下のように語数を指定することが考えられます。その際，Bの発言もより自然なものにする必要もあります。

A: (　　　) (　　　) go to the movies this afternoon?
B: Good idea! Yes, let's.

ただこの場合においても，Will we / Want to などもコミュニケーションという観点からは正解となり得ます。複数で採点する場合は事前に採点の規準を決めておく必要があります。

これらの例が示唆する作問にあたっての重要点として，以下があげられます。

・問う知識，測る能力を明確にする
・評価の規準，観点を明確にする
・測るべきことが測れるように問題を作成し，実施，採点する。

問題を作る際は，指示を明確に，作題意図と受験者の受け取り方とのギャップのないようにしなければいけません。

タスク5
次の設問について，問題点を指摘し，修正案を考えてみよう。
問 I have nothing to do on weekends. を下の文のように書きかえた場合
(　　　) に入る単語は何か。
I'm (　　　) on weekends.　　　　　　　　　　　　　　▶正解　free

---

② 測定したい能力をできるだけ直接的に測定する（主に妥当性）

　第2章で簡単に触れましたが，出来るだけ知りたい能力を直接測ることが重要です。これは妥当性に関わる問題です。ここでは，以下のような，筆記

試験において，発音に関する知識を問うということを問題視したいと思います。筆記試験の発音問題で正解できることと，正確に発音できることには相関がない（若林・根岸, 1993; Buck, 1989），つまり，筆記問題では発音能力を測れないからです。

【1】 次の各組の語で，下線部の発音が同じものには○を，異なるものには×を書きなさい。

(1) { gr<u>ou</u>p / h<u>our</u> }　　(2) { f<u>a</u>mous / s<u>a</u>d }　　(3) { <u>o</u>ther / <u>th</u>rough }　　(4) { b<u>ough</u>t / c<u>augh</u>t }

【2】 次の語の最も強く発音する部分を記号でそれぞれ答えなさい。

(1) mu-se-um　　　(2) in-for-ma-tion　　(3) to-geth-er
　　アイウ　　　　　　アイウエ　　　　　アイウ

これは近畿圏のある中学校の中間考査で出題された問題です。これらの問題に正解できることが，正確に発音できることを意味しません。問1は二択になっており，信頼性にも問題があります。

B 次の問い（**問1〜4**）において，第一アクセント（第一強勢）の位置がほかの三つと**異なるもの**を，それぞれ下の①〜④のうちから一つずつ選べ。

問1　[4]

① marine　　② rapid　　③ severe　　④ unique

（2017年度センター試験問題）

過去に行われていたセンター試験では，試験が開始されてからずっとこの形式が用いられてきましたが，現在の共通試験では廃止されました。なぜならこのような形式のテストは，受験生には実際に発音出来なくても，発音に関する知識を学べばいいというマイナスの波及効果を与えることにもなるからです。実際，このような試験で扱える単語はある程度限られており，受験生

は予想問題集を使って学習するという対策を行ってきたようです。百歩譲って「知識があることが発音できることの前提条件だ」としても，受験生の関心は，テスト対策として知識を得ることにとどまってしまい，やはり，波及効果としてマイナスであったと言わざるを得ません。この問題形式の廃止は正解であったと考えます。

タスク6
直接テストと間接テストの定義を確認して，例を示し，それぞれの長所と短所をまとめてみよう。

---

❸ 測る能力を明確に（主に妥当性）

以下は，過去に高校入試に出題された問題です。

問4　次の英文は，達矢が，英語の授業で，マレーシアでのボランティア活動について書いた学級新聞の記事の一部です。これを読んで，(1)，(2) に答えなさい。

The Volunteer Activity In Malaysia

This summer I went to Malaysia to try a tree-planting volunteer activity and I had a wonderful time there. I'll never forget the experience I [＿＿＿＿＿＿] Malaysia this summer.

---

(1) 本文の内容に合うように，記事の [＿＿＿＿＿＿] に入る適当な英語を2語で書きなさい。

▶正解　had in

（2014年度北海道公立高校入試問題）

正解は had in となるのですが，これは空欄を含む英文を読むだけで答えることのできる文法問題となり，他の英文を読む必要はありません。妥当性の

面で問題があります（文法問題だとしてもテスティング・ポイント（何を測ろうとしているのか）が明確ではありません）。「内容に合うように」と英文理解を問うのであれば，以下のような修正が考えられます。

(1) 本文の内容に合うように，記事の空欄に入る語を選びなさい。

This summer I went to Malaysia to try a tree-planting volunteer activity and I had a wonderful time there. I will not (　　　) the experience I had in Malaysia this summer.

　　a. forget　　　　b. remember　　c. repeat　　　　d. tell

選択にせず，単語を書かせることも可能ですが，その場合は，正解が複数になる可能性も考えられます。

以下は，筆者作成の問題です。良問と言えるか考えてください。

次の会話において，二人目の発言が最も適当な応答となるように文を作るには，(A) と (B) をどのように選んで組み合わせればよいか，下の①〜⑧のうちから一つずつ選べ。

John: Check out those colorful birds! Let's try to bring one home as a pet.

Yoko: Absolutely not! (A) (B) Let's just enjoy observing them!

(A) I couldn't		(A) imagine doing		(A) something like that.
(B) It couldn't	→	(B) imagine to do	→	(B) your best!

① (A) → (A) → (A)　　② (A) → (A) → (B)　　③ (A) → (B) → (A)

④ (A) → (B) → (B)　　⑤ (B) → (A) → (A)　　⑥ (B) → (A) → (B)

⑦ (B) → (B) → (A)　　⑧ (B) → (B) → (B)

良問とは言えません。何故なら，この問題では「適当な応答」を考えるまでもなく，John の発言を読まなくても文法の知識で①と正解できるからです。このような問題は何を問うのかという妥当性の問題もありますが，受験生が該当の英文だけを読んで時間を省くという好ましくない受験テクニックを身に着けてしまうというマイナスの波及効果を与える可能性もあり，注意が必要です。

タスク7
上の問題を「適当な応答となる文」を選択する問題にした場合，どんな選択肢がありうるか，不正解となる選択肢（錯乱肢）3つを考えてみよう。

---

4 設問におけるあいまいな指示文を避ける（主に妥当性）

　指示文の解釈が受験生にとって容易であること，何が求められているのか明確であることも妥当性を上げるためには重要な案件です。次の例は，ある大学の入試問題として出題された英作文問題を，筆者が一部修正を加えたものです。

　「下のグラフは，中学一年から大学までの一日の平均学習時間を表している。このグラフについて自分が思うことを自由に 150 〜 200 語程度の英語で述べなさい」

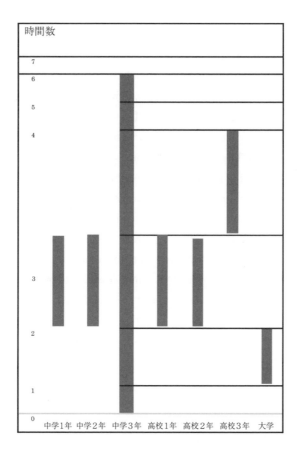

この「思うことを自由に」をどう解釈していいのか，受験生は戸惑うと考え
られます。可能性としては①グラフから読み取れることを書く②この結果の
原因を書く③今後，どのようにしていくべきか問題解決を述べる④高校3年
の自分とデータの比較を述べる⑤大学生がなぜ勉強しないのかを述べる等が
考えられますが，さらに①と②，②と③などのように混合型も十分あり得る
でしょう。出題者としてはグラフから読み取れる事実をまとめ，それに対し
ての自分の意見を述べるのを期待していたかと考えられますが，受験者の受
け取り方は，必ずしもそうではありません。この指示文は「グラフから読み
取れることをまとめ，それに対するあなた自身の意見を述べなさい」のよう
にポイントを明確に分かりやすくすべきであったと考えられます。以下は過
去に出題された高校入試問題です。

Mom and Dad,

I learned about kabuki at school. It started over four hundred years ago, and it has an interesting history. Kabuki is played only by men. Yesterday I went to a theater with Hideo to watch a kabuki play. I didn't understand what the actors said, but with the help of Hideo, I followed the story. The actors' faces were painted. I could see their faces clearly. It was very exciting. While I was watching it, sometimes people in the audience' shouted something in Japanese. I thought that was a bad thing to do, but no one looked angry about such people, and I didn't know why. Later, I asked Hideo about it. He said that those people shout to encourage' the actors. The actors get energy from that, and they like it. I thought that was wonderful. I want you to enjoy a kabuki play someday. Next month, I will go with Hideo to a kabuki lesson held by a city theater. I'm looking forward to it. I want to paint my face like a kabuki actor. I'm also interested in kabuki dancing. I think I will enjoy the lesson, and I will write to you again soon.

〔注〕audience：観客　encourage：励ます

(1) このＥメールの内容と合っているのは次のうちではどれか。

　　ア　Tim learned that kabuki has an interesting history in a lesson held by a city theater.

　　イ　Tim painted his face when he went to a kabuki play because he wanted to become an actor.

　　ウ　Before watching the play, Tim knew why some people in the audience shouted something in Japanese.

　　エ　Tim learned that actors get energy when some people in the audience shout something in Japanese.

▶正解　エ

(2) あなたは外国から日本を訪れた人に日本で楽しんでほしいことについて授業で発表することになりました。あなたが外国から日本を訪れた人に日本で楽しんでほしいことを伝統文化に限らず一つ取り上

げ，それを取り上げた理由などを含めて三つの英語の文で書き表しなさい。

（2016 年度都立高等学校入学者選抜学力検査問題）

(1) に関してはアの選択肢がいわゆるひっかけになっている可能性と，未習の注がついている語が解答のキーになっている点で問題があります。では，(2) の指示文はどうでしょうか。受験生がその解釈に戸惑ってしまう可能性が考えられます。「伝統文化に限らず」とはありますが，英文が伝統文化に関する内容なので，何とか伝統文化に関することを考えようとして時間を使ってしまう受験生がいるかもしれません。「楽しんでほしいこと」というのは日本独自のことに限定されているのかどうかも判断できません。サッカーや野球などの場合はどうなのでしょうか。また「取り上げた理由などを含めて」というのも分かりにくいです。模範解答は以下になっています。

(2) 模範解答

I want people from other countries to visit Mt. Fuji.

It is the most famous mountain in Japan, and the view from the top of it is very beautiful.

People can visit some lakes around it and enjoy seeing Mt. Fuji from them, too.

このような解答を模範解答として求めるのであれば，「外国から日本を訪れている人に伝えたい日本文化と，その理由を合計 3 文で書きなさい」や，「外国から日本を訪れている人に行ってほしい場所と，その理由を合計 3 文で書きなさい」，あるいは「外国から日本を訪れている人に経験してほしいこと（やってほしいこと）と，その理由を合計 3 文で書きなさい」のように，明瞭・簡潔に指示すべきです。

タスク 8

1. 高校 3 年生を対象とした 100 語程度の英作文問題を考え，ペア（グループ）で紹介し，意見交換しよう。

2. 中学 3 年生を対象とした英文 3 つからなる英作文問題を考え，ペア（グループ）で紹介し，意見交換しよう。

5 解答の字数制限，英文数制限に関して（主に妥当性）

　先に紹介した勉強時間に関して意見を求める英作文問題では「自由に 150 〜 200 語程度の英語」で述べることが求められていました。また，外国人に日本の事を紹介する英文は「合計 3 文で書きなさい」となっています。この，解答における語数や英文数の指示も解答内容に影響を与えると考えられます。例えば，英作文問題において，事実を読み取り英語でまとめる能力を測りたいのであれば，少なめの語数で字数制限をかけると良いと考えられます。また，事実を読み取り英語でまとめ，さらに自分の意見を求めるのであれば，字数を多くするか，あるいは字数制限なしで自由に書かせると良いでしょう。この場合，解答欄の設定やレイアウトにも留意しなければいけません。英文数の指定についても同様に，求めている情報数により，指定英文数を決めるべきです。英作文させることにより，①内容の理解，②それをまとめる能力，③個人の意見や考えの①〜③のどこまでを測りたいのかを明確にして，制限語数を決定すべきでしょう。その場合，制限しないというオプションももちろんあります。普段，私たちはあまり意識しませんが，字数制限の有無や解答欄の大きさによって解答内容が変わりうることを意識すべきだと言えます（安永，2016）。はっきりとは字数制限をかけず，「与えられた解答欄に収まる程度」でという指示で間接的に語数を示唆する方法もあり得ますが，この字数制限はテストの妥当性や信頼性にも関わってくる非常に重要な問題であるので，実用性や採点における信頼性をも鑑みながら，妥当な語数制限をかけるのが良いと言えるでしょう。

タスク 9

高校 3 年生を対象とした英作文問題「あなたは，英語を教科として小学校 3 年生から学ぶべきだと思いますか。そうすべきでないと思いますか。どちらかの立場から意見を述べ〇語程度の英語で書きなさい」において，何語と指示するのが適当だと思いますか。ペア（グループ）で意見交換してみよう。

6 長文の題材選びに注意する（主に信頼性）

　教師が実力テストの長文問題を自作する時や，あるいは文章をどこからか引用して採用する場合，題材のトピックに注意しなければいけません。例えば，ある偉人，有名人の一生について述べた英文を扱った場合，その人物に詳しい生徒は英文を読まなくても解答できるかもしれません。また，折り紙の折り方を説明した英文の場合は，折り紙を趣味としている生徒が有利になります。このように，背景知識の有無が得点に影響を及ぼすことはできるだけ避けるべきです。どの生徒も知らない（であろう）題材や，あるいはどの生徒もほぼ同じくらい知っている（であろう）題材を選ぶことが公平で，よりスコアの信頼性も高まります。また，この2つの条件のどちらかに合っているとしても，特定の生徒だけが興味を持つような内容，例えば，男子（あるいは女子）だけが興味を持つかもしれない題材や，理系の生徒（あるいは文系の生徒）だけが興味を持って読める題材は避けるべきでしょう。さらにその題材が，受験するすべての生徒にとってふさわしい内容なのかも吟味する必要があります。過去にセンター試験の長文問題で，ネズミが扱われたことがありました。行動や習性について詳しく述べられており，背景知識の有無についてはほぼ問題はないかと思われるのですが，複数の受験者から，「気持ち悪くて読みたくなかった」という声を聞きました。確かに，ネズミが苦手という受験者にとってはツライ長文であったかもしれません。災害や，家庭問題，ジェンダーに関する問題等，一部の生徒にとって，自分の個人的経験から読むこと自体が精神的に大きな負担になるような題材も避けるべきであると言えます。しかしながら，以上述べてきた点に留意したとしても，すべての生徒にとって完璧に公平な題材を選ぶことは不可能かもしれません。静 (2002) では，長いパッセージを少数用いるのではなく，比較的短いパッセージを複数用いることで，試験全体として公平となるよう提案しています。

タスク 10
実力テストの長文問題を作成する場合，以下のトピックはふさわしいでしょうか。〇△×を入れて，ペア（グループ）で意見交換してみよう。

ラグビーのルールについての説明（　　）マスメディアが人々の行動に
与える影響について（　　）ステレオタイプについて（　　）昨年の紅
白歌合戦について（　　）ある生徒のいじめの経験について（　　）

❼ 生徒の慣れた，能力を引き出すことの出来るテスト形式を用いる（主に信頼性）

　生徒から，「あの形式，苦手なんだよなぁ」とか「あのパターンの問題得
意！」という声を聞いたことはありませんか。そうした発言が，もし問題の
測っている能力についてではなく，形式そのものを指しているのであれば，
テストの信頼性に問題が出てきます。問題の出題パターンは，多肢選択，並
べ替え，誤文訂正，空欄補充，短文での解答，自由解答等々，多種多様です
が，生徒がその問題形式に慣れていなかった，または正しい解答方法を理解
できなかったがために，知識・技能はあるのに正解できないということは避
けなければいけません。多肢選択など，例に挙げた代表的なパターンは生徒
が慣れているという点においては，問題ありませんが，かつて，センター試
験で使用されていた以下の形式の問題はどうでしょうか。

　B 次のパラグラフ（段落）には，まとまりをよくするために取り除いた
　　方がよい文が一つある。取り除く文として最も適当なものを，それぞ
　　れ下線部①～④のうちから一つずつ選べ。

　　問1　29

　　You might have been told, "Sit up straight or you'll get a backache."
But is it true? People have long assumed that posture has played some
role in back pain. Surprisingly, the evidence from research linking
posture and backache may be weak. ① Our back is naturally curved—
from the side it is S-shaped. ② Individuals have their own unique bone
sizes that determine their body shapes. ③ It has been thought that good
posture meant straightening out of some of the curves. ④ According to
a study examining doctors' opinions, it was found that there was no

single agreed—upon standard of proper posture. One researcher even says that often changing your posture, especially when sitting, is more important for preventing back pain. The main source of back pain may be stress and lack of sleep, not the way someone is sitting.

（2020 年度センター試験問題）

文の一貫性に関する妥当性の高い読解問題として出題されていたと考えられますが，受験生は，この形式の問題に相当慣れていなければ，正解の②を選ぶのには苦労したのではないでしょうか。なぜなら，普段，除いた方がよい英文の含まれるパラグラフを読むことはほぼないからです。この形式の問題はセンター試験後の共通テストでは使用されていません。（この形式の問題点については後ほど再度扱います）。

　以下の問題が良問であるか考えてください。模範解答は (1) が「playing volleyball など」，(2) が「happy to hear など」としています。（過去の高校入試問題を参考に筆者作成）

問 4　可奈子と Thomas 先生が遠足について，次のような会話をしました。これを読んで，(1), (2) に答えなさい。

Thomas sensei:　Kanako, did you have a wonderful time on the field trip?

Kanako:　Yes! I had a wonderful time, Thomas sensei. Cooking and eating outdoors was fun. I especially enjoyed (1) in nature. It was really exciting.

Thomas sensei:　I was surprised because you're a very good player. Do you think your classmates enjoyed the field trip?

Kanako:　Yes, they did! All of them looked so happy.

Thomas sensei:　I'm very (2) that.

(1) に入る適当な英語を 2 語で書きなさい。

(2) あなたが Thomas 先生になったつもりで，(2) に入る英語を 3 語以上で自由に書きなさい。

良問だとは言い難いです。なぜなら，この問題では受験者が，何を入れて良いのか，どの程度まで自由に書いていいのか戸惑う可能性があるからです。模範解答を見ると納得は出来るのですが，このような解答にある程度の自由度のある問題については，事前に慣れていること，この形式について知っていることが必要であると言えます。形式への慣れの有無，大小で同じ実力の受験者が違う点数を取ることのないように定期テスト（熟達度テスト）や実力テストで出題する問題形式については，授業でも実際に扱ってみるなどして生徒にしっかりと周知させることが必要であると言えます。また，あまりに凝った，理解の難しい複雑な形式の問題を避けるべきなのは言うまでもありません。

　最後に，考査においては，出来るだけ多くの形式を取り入れるようにすること，同じパターンの形式がずっと何年にもわたって続くことのないようにすることも大切です。授業の内容が変われば，試験内容，形式も改訂されていくべきですし，同じ形式の問題パターンが続くと，そのパターンに当てはまりやすい内容を重視して教えてしまうということにもなりかねません。また，生徒にとっても試験に出題されそうな，あるいは試験問題になりそうな箇所を特定しやすくなるとも考えられます。授業と同等に，テスト形式についても常に，たとえ一部であっても改訂していくことを意識するべきであると考えます。

タスク 11

過去に受けたテストで，問題の形式の理解が難しかったものをあげ，理由を考えてみよう。

---

8 誤文訂正問題，誤りを指摘する問題に関して（主に妥当性）

　誤りを含む英文を提示し，その誤り個所を指摘する，以下のような「誤文訂正問題」は，入試において，最近は減少傾向にありますが，いまだに散見されます。以下がその例です（筆者作成）。

誤りを指摘して訂正してください。

1. If I <u>would have</u> <u>known</u> about the traffic, I <u>would</u> have left earlier.
      ア   イ   ウ   （正解：ア had）

2. No <u>sooner</u> had I <u>reached</u> the station <u>when</u> the train arrived.
      ア   イ   ウ   （正解：ウ than）

3. The <u>committee</u> is <u>comprised</u> <u>of</u> four men and two women.
      ア   イ ウ   （正解：イ composed）

また，次の例のように間違いがないという選択肢を入れる場合もあります。

次のうち誤りのある個所はどこか答えなさい（過去に出題された大学問題を参考に筆者が作成）。

① <u>Due to</u> my frequent transfer, ② <u>both of</u> my sons ③ <u>were changed</u> schools four times ④ <u>before</u> they entered university. ⑤ NO ERROR
                 ▶正解 ③

本文の中で，誤りを含む英文を示し訂正させる問題形式もあり，最近の高校入試では，この形式で出題されるケースが多いようです。

（本文）Last year, the famous Japanese train the Shinkansen had ① its <u>fifty</u> birthday.
（問題）下線部①の英語が「50回目の誕生日」となるように fifty を正しい形に直し，英語のつづりで書け。
（本文）I was (あ) <u>surprise</u> that Shohei was taller than Paul.
（問題）下線部（あ）の単語を最も適当な形に変えてきなさい。

（過去に出題された高校入試問題を参考に筆者が作成）。

若林・根岸 (1993) では，誤文 "The sun rise in the east" の誤りを指摘し訂正させる高校のテスト問題を紹介しています。教師が意図した正解は rise → rises なのですが，それだけではなく，rose や is rising の正解の可能性もあ

り，生徒を混乱させると述べています。また，誤文 "I go there yesterday." では意図した正解が go → went であるのに，他の正解の可能性 yesterday → every day / go → was going there もあると指摘し，生徒を混乱させる誤文訂正問題は出題すべきではないと主張しています。

　冒頭に紹介した問題，高校入試問題はこうした複数解答がある可能性はありません。しかしながら，このような形式の問題には本質的に深刻な問題があります。このような問題が出題されると，生徒はこの形式に慣れるため，誤文訂正問題の練習をすることになり，正しくない英文を多く目にすることになります。英語学習のためには良質の英語に出来るだけ触れることが何よりも大切なわけですが，誤文に接触することはこの自明な摂理に反し，たとえ，試験問題における接触に限られるとしても有害であると考えられます。特に初学者は誤りの情報を記憶に残してしまう可能性も高いと言えます。また，英文を読む際に，文章の意味をとること，内容を理解することよりも，英文構造を見抜くことを優先する習慣がつくことも考えられます。

　さらに，この問題を解く過程も不自然です。普段英文を読む際には，内容を正確に理解するため，時にはメタ言語知識を働かせて，語彙や文法に注意を払いながら読み進めます。誤りがあるという前提で読むことはありえません。これは，一文だけではなく，まとまった量の英文を読む場合も同様です。前節でも扱いましたが，再度，以下の問題を解いてみて下さい。

B 次の問い（問 1 ～ 3）のパラグラフ（段落）には，まとまりをよくするために**取り除いた方がよい文**が一つある。取り除く文として最も適当なものを，それぞれ下線部①～④のうちから一つずつ選べ。

問 1　| 29 |

　Wearing proper shoes can reduce problems with your feet. Here are some important points to think about in order to choose the right shoes. ① Make sure the insole, the inner bottom part of the shoe, is made of material which absorbs the impact on your foot when walking. ② The upper part of the shoe should be made of breathable material such as leather or cloth. ③ Some brand-name leather shoes are famous because of their fashionable designs. ④ When you try on shoes, pay attention not only to their length but also to their depth and width. Wearing the right shoes lets you enjoy walking with fewer problems.

問2 ☐ 30 ☐

In Japan, there are several ways of transporting goods. Each method has its own advantages and disadvntages. ① Transportation by air, though it can be expensive, is suitable for carrying goods which require speedy delivery. ② Buses can carry many passengers, and they are convenient for daily life. ③ Ships, on the other hand, can carry large quantities at low cost, but it takes much time for them to reach their destinations. Trains can stop only at stations, but their arrival times can easily be estimated. ④ Although trucks cannot carry much compared with trains, they are useful for carrying things from door to door. Such merits and demerits of each method of transportation should be taken into consideration, so the best way can be chosen, depending on the needs.

問3 ☐ 31 ☐

If you forget something you once learned, go back to the place where you originally learned it. Experimental studies support this idea. For instance, two groups of divers went into the sea. ① After listening to a list of words underwater, they came back on land and wrote down as many words as they could remember. ② A day later, one group sat on land, while the other went back into the sea. ③ Reseachers carefully chose the list of words, and the divers selected the diving site. ④ Each group was asked to recall and write the words they had learned the day before. It turned out that the divers in the sea recalled words better than the divers on land. Thus, a person's ability to remember seems to be better if learning and recalling are done in the same enviroment.

▶正解 問1 ③ 問2 ② 問3 ③

(2017 年度センター試験問題)

どうでしょうか。簡単に正解できましたか。不自然な読みをしているとは感じませんでしたか。英文の結束性や一貫性を問う問題ですが，このような問題に正解するためには，この不自然な読みに慣れる必要があります。当然，受験生はそのためのテクニックを身に着けようとして，練習問題を利用し，この不要な文を含むパッセージを繰り返し読んで，正解を出す練習をするかと考えられます。ある程度のレベルの学習者であれば，この問題のための学習が実際に英文を書く際に役に立つのかもしれません。しかし，多くの受験生ができるだけ多くの質の高いインプットを受けるべきであるということを考えると，先の誤文訂正や，この内容の不整合性の指摘（一貫性，結束性の欠如の指摘）を求める不要文削除問題は，言語学習自体に貢献するとは考えられない試験準備を促すという負の波及効果があると考えられないでしょうか。その意味で現行の共通テストでは，この不要文削除問題が採用されなかったことは大正解であると筆者は考えます。たとえ試験問題であっても，生徒の英語学習に寄与する，良質なインプットを与えるべきではないでしょうか。また，この問題は英文の意味が分かることを前提としているため，受験生のほとんどが，しっかりと意味をとらえようと格闘しているレベルであることからも不整合であると考えます。

> **タスク 12**
> 誤文訂正問題，誤りを指摘する問題が好ましくない理由をまとめてみよう。

❾ テストの配点について（主に信頼性）

テストにおけるそれぞれの項目の配点をどのようにするかは，テスト全体のスコアの信頼性に関わってくる重要な問題だと考えられます。一つのテストで，それぞれ難易度の違う問題を合計 25 問出題するとして，どのような配点が考えられるでしょうか。一般的には，解答に高い能力，労力が求められ，解答に時間がかかる場合，つまり，難しい問題に重み付けが行われます。例えば，語彙や発音に関する問題は 2 点，文法問題 4 点，読解 8 点などのようにです（表 1）。あるいは授業で強調した重要な項目に関して重み付

けを行うこともあり得ます。しかしながら，重み付けに対して靜（2002）は
テストの信頼性（内的一貫性）が高ければ，その必要はないとその妥当性に
疑問を呈しています。つまり，難しい問題に正解した受験者は易しい問題に
も正解し，易しい問題を間違った受験者は難しい問題にも誤答している傾向
にあり，また，能力の高い受験者が間違った問題は，能力の低い受験者も誤
答し，能力の低い受験者が正解した問題には，能力の高い受験者も正解する
傾向にあるということです。したがって問題の難易度によって配点を変える
必要はなく，そうすることは，例えば上の例でいうと，語彙・発音に関する
問題より，文法問題の方に価値があるという考えに立つので，ふさわしくな
いとしています。Alderson 他 (1995) も重要だと思われる項目の配点を高く
するのではなく，項目を増やすことにより，合計として配点を高くすべきだ
という考えを紹介しています。テストの信頼性を上げるためには，出来るだ
け項目数を多くするというのが原則であるので，易しい（重要ではない）問
題と難しい（重要な）問題の項目数を同じ数にし，配点を変えるのではなく，
難しい（重要な）問題の項目を細分化して，項目を多くして問うのが良いと
いう考え（Alderson 他, 1995; 靜, 2002）は非常に説得力があります（表2）。
テスト問題を作成する際，難しい複雑な問題に関しては，複数の項目に分け
て出来るだけ多くの問題項目をつくり，その配点の合計が，易しい知識のみ
を問うような問題の配点の合計を上回る形式にすべきと言えます。しかしな
がら，作問の難しさ，項目数の制限もあり，実用性の面では厳しいことも事
実です。そこで，項目数で調整していくことを念頭にいれながら，重み付け
も取り入れ，折衷的に行っていくのが現実的であると言えます（表3）。

　発音問題，語彙問題，文法問題，読解問題，作文問題（書き換え並べ替え等
も含む）の配点の比率を 1：1：2：4：2 とした場合の例を以下に示します。

表1　重み付けをしたテスト問題の配点（合計 25 問）

大問	出題分野	問題数	各項目の配点	配点
1	発　音	5	2	10
2	語　彙	5	2	10
3	文　法	5	4	20
4	読　解	5	8	40
5	英作文	5	4	20

表2　重み付けをしないテスト問題の配点　（合計60問）

大問	出題分野	問題数	各項目の配点	配点
1	発　音	5	2	10
2	語　彙	5	2	10
3	文　法	10	2	20
4	読　解	20	2	40
5	英作文	10	2	20

表3　現実的な折衷案　（合計35問）

大問	出題分野	問題数	各項目の配点	配点
1	発　音	5	2	10
2	語　彙	5	2	10
3	文　法	9	2（7問） 3（2問）	20
4	読　解	15	2（4問） 3（8問） 4（2問）	40
5	英作文	6	3（4問） 4（2問）	20

　英作文に関しては，自由英作文としてある程度の語数でまとまった英文を書かせる問題を出題する場合もあるかと考えられます。このような配点の大きい問題を1問として出題する場合は，例えば分析的評価であれ，全体評価であれ6段階に分けて点数をつけることにより，問題数が6つである場合と同じように扱うことが出来ます。

　以上，テストの各問題の配点もスコアの表す信頼性にかかわる重要な案件であるので，事前に十分に検討されるべきです。

第6章

多岐選択問題に関して

　入試問題・定期考査では，いくつかの選択肢の中から正解を選ぶ形式の多肢選択問題が頻繁に用いられます。それは，採点が楽であり，その信頼性も高いからでしょう。しかし，良い選択問題を作成するのは難しく，留意すべき点が非常に多くあります。ここでは多肢選択問題について，1章を割いて議論していきます。

■1 Hughes (2003) による問題点の指摘

　多肢選択問題は，採点における信頼性がほぼ完璧で（機械ではなく個人が採点する場合は，採点時や解答を作成する際のケアレスミスもありうるので採点者信頼性が 100% ということは有りえませんが），記述式に比べると短時間で解答でき，したがって，限られた時間で多くの知識・技能を問うことが出来るという大きな利点があります。しかしながら，この多肢選択問題そのものに内在する問題点，また作成において十分に注意を払わなければいけない点があります。Hughes (2003) は難点として以下を挙げています。

1) 実際に使用できるかどうかはわからない
　多肢選択問題で測れるのは認識的受容能力のみであるので，たとえ，多

肢選択文法問題で正解を選べても，実際にその文法項目を使用できるかは
わからない。「知っていること」と「使えること」の間には大きなギャッ
プがあり，実際に使えるかどうかを知りたいのであれば，多肢選択問題の
結果が与えてくれる情報は不完全な情報と言える。

2) 程度は不明であるが「推測」で正解することがある

　例えば選択肢が 3 つの問題であれば，当て推量でいい加減に解答しても
33% を正解する可能性がある。受験者の正答の中にはこの当て推量での
正答が含まれていると考えられるが，どの程度が当て推量の結果なのかは
わからない。この当て推量の余地を少なくするためには，選択率の低くな
い選択肢を 4 つ作るべきである。

3) 測定できる能力が限られている

　根本的な問題として，測りたい能力に対する選択肢を常に作れるとは限
らず，その結果，重要な文法項目であっても選択肢を作れないので，テス
トとして出題されないということがありうる。例えば過去形と現在完了形
の区別について問う場合，この 2 つの文法項目以外を選択肢に入れること
は，ある程度のレベルの受験者にとっては無意味になる。このような場合
は多肢選択以外の形式でテストすべきである。

4) 選択肢を作るのが難しい

　良い選択肢を複数作成するのは非常に難しい。正解が複数考えられる，
逆に正解がないという場合が起こり得る。また，選択率の極度に低い選択
肢が存在する，選択肢だけ見て正解が分かるなど，様々な困難がある。

5) 有害な波及効果がある

　多肢選択問題のための勉強は運用能力育成という観点からは最良の方法
ではない。単なる受験テクニック（選択肢だけを見て 1 つだけ種類の違う
ものを選ぶ等）を助長する可能性もある。

6) 不正行為が助長されるかもしれない

　記号や番号での解答になるので，受験生同士のやり取りが可能になるか
もしれない。

1) の「実際に使用できるかどうかはわからない」については，コミュニケーション能力育成へと大きくかじ取りをしている日本の英語教育の状況を考えると，まさしくその通りで，多肢選択問題のみによる能力の測定では不十分であることは明らかです。2) については，4) の選択肢作成の難しさという観点から，選択肢は 3 つで充分だという主張もあります。いずれにしても，鉛筆を転がしての当て推量での解答という問題は残ると言えます。3) の「測定できる能力が限られている」では，例えば，現在形と現在完了形の区別を問う多肢選択問題で，I (　　　　) Takeshi since we were children. の選択肢を考えた場合，正解 have known 以外の選択肢を同じ 2 語にして作成すると，had known /am knowing / was knowing などが考えられますが，明らかに誤答選択肢だとわかるものになってしまうという問題があります。4)「選択肢を作るのが難しい」については，多くの先生方も経験済みではないでしょうか。選択肢を作成するときの注意点については後ほど詳しく扱います。また，多肢選択問題のための対策，試験テクニックの習得という負の波及効果が存在するのも事実です。

　多肢選択形式の問題点をさらに，具体的に詳細にみていきます。

❷ 並べ替え問題に関して

以下は，皆さんもよく目にしたことのある単語を並べ替え正しい英文を作る問題です。

　問　次の単語を並べ替え，2 番目と 5 番目に来る語をカタカナ記号で答えなさい（最初に来る語も小文字になっています）

　1.　（ア chance / イ there / ウ a / エ is / オ that / カ it / キ rain / ク will / ケ tomorrow）

　　　正解　2 番目：エ　　5 番目：オ

　　　(There is a chance that it will rain tomorrow.)

　2.　（ア a / イ have / ウ I / エ meeting / オ important / カ in / キ the / ク morning / ケ very）

　　　正解　2 番目：イ　　5 番目：オ

　　　(I have a very important meeting in the morning.)

3. （ア party ?/ イ invited / ウ the / エ been / オ to / カ have / キ you ）
   正解　2番目：キ　　5番目：オ
   (Have you been invited to the party?)

この並べ替えテストの問題点は，若林・根岸 (1993) で 30 年以上前にすで
に指摘されているように，2 番目と 5 番目の語が正しいということが，他の
語の位置もすべて正しいということを必ずしも意味しないということです。
3 の問題において，仮に能力の低い学習者が Have you invited been to the
party? のような文をつくったとしても，2 番目と 5 番目は合っているので正
解となるということです。（実際はこのようなケースはそう多くはないでし
ょうが可能性として有りうるという危惧です）。
　また，正解に至るまでの過程を考えてみてください。
　1 の問題を例にすると，おそらく受験生は，問題用紙に以下のように
順番をふるでしょう。(4 ア chance / 1 イ there / 3 ウ a / 2 エ is / 5 オ that /
6 カ it / 8 キ rain / 7 ク will / ケ 9 tomorrow)。この時点で，英文は完成し
ているのですが，回答する際に，間違った記号を入れてしまう可能性も
考えられます。その生徒の責任だと言ってしまえばその通りかもしれま
せんが，余計な作業をさせることは出来るだけ避けた方が良いでしょう。
　結論から言うと，このタイプの問題は信頼性，妥当性ともに高くありませ
ん。実際に定期考査で出題する際には，並べ替えて完成した英文，上の例だ
と，There is a chance that it will rain tomorrow. と英文を書かせる形式にす
るのが良いでしょう。

❸ 機能していない選択肢

前章で選択率，識別力について説明しましたが，選択率の極度に低い選択
肢はほとんどの受験生に選ばれていないということになり，機能していない
と言えます。

問 1　According to the author	選択率
① Rugby is just a violent sport.	0.08
② Rugby was played only in NZ.	0.18

③ Rugby is an ideal team sport.	0.59	（正解）
④ Rugby was not played in Africa.	0.15	

　この例でいうと①が機能していないということになります。このような場合，なぜ選ばれなかったのかを検討し，直していく必要があります。①のRugby is just a violent sport. では just のために「単なる乱暴なスポーツ」となり，誤答であることが明確になってしまったと予想されます。この文からjust を削除するか，あるいは別の表現（例えば，can be, somewhat など）に変更することを検討しても良いでしょう。しかしながら，変更することによって，正解の可能性が出てくる場合もあり，注意が必要です。以下を見て下さい（筆者作成による仮のデータ）。

問1　According to the author	選択率	識別力
① Kenji lived a sad life in Hawaii.	0.05	−0.40
② Kenji planted a lot of vegetables there.	0.60	0.23
③ Kenji had difficulties in planting.	0.20　（正解）	0.05
④ Kenji loved eating fruits in Hawaii.	0.15	−0.23

　②は誤答にもかかわらず，高い選択率を示しています。さらに誤答であれば，マイナスの値をとるべき識別力が高く，逆に正解の③の選択率，識別力が低くなっています。これは，明らかに②がひっかけ問題になっていて，出来る生徒が，ひっかかってしまったと考えられます（おそらく，植えていたものは実は野菜ではない，などでしょうか）。正解の③の選択率，識別力の低さも考えると，この問題は悪問の部類に入ります。一度出題してしまった場合，もう遅いのですが，この分析を次回の問題作成の際に生かす，あるいは削除して問題としてカウントしないという決断もあり得ます。

4 選択肢の長さを出来るだけ揃える

　以下は過去の大学入試問題を参考に筆者が作成した選択肢です。

　問1　下線部 A の説明として最も適しているのは次のどれか。

(1) Every immigrant succeeded in arriving in the country without any exclusions.

(2) Immigrants were provided with an opportunity to live more contented lives compared to their native lands.

(3) All immigrants had the opportunity to view the Statue of Laverty.

(4) All immigrants were permitted entry into the United States.

問2　本文の内容と合致するものはどれか。

(1) Individuals suspected of having tuberculosis were denied entrance.

(2) Most immigrants were returned to their home nations.

(3) Immigrants found it simple to secure jobs.

(4) New York was devoid of any slums.

▶正解　問1 (2)　問2 (1)

　問1は，英文が目立って長い選択肢が正解となっており，問2は選択肢の長さ（語数）がバラバラで，一番長い（語数の多い）英文が正解となっています。正答であることを確実にするために正解の選択肢には多くの情報（単語）を盛り込む必要から，このようなことが頻繁に起こりますが，正答の分からない受験生は，他より長い目立つ選択肢を選ぶ傾向があると言われています（Alderson 他，1995）。したがって，選択肢の長さがバラバラだと，信頼性の面で問題があるといえるので，出来るだけ長さを揃えるようにする必要があります。以下の 2022 年度大学入試共通テストからの抜粋例を見てください。長さに大きな違いはありません。

問1　Under the first poster heading, your group wants to introduce the plastic recycling symbols as explained in the passage. Which of the following is the most appropriate?

① They are symbols that rank the recyclability of plastic and other related problems.

② They provide information on the chemical make-up and recycling options of the plastic.

③ They tell the user which standards organization gave them certificates for general use.

④ They were introduced by ASTM and developed by the Society of the Plastic Industry.

選択肢を全く同じ長さにすることは難しいですが，この共通テストの選択肢のように，可能であれば一語程度の差，多くても3語程度とするのが望ましいと言えます。

⑤ 一般常識で分かる問題は避ける

　以下は過去に出題された高校入試問題です。どうでしょう，仮に本文を読んでいなくても常識で正解を選べそうではありませんか？

　次の英文は，中学生の大樹 (Daiki) がユニセフの「世界子供白書2015」にある，南アフリカ共和国 (South Africa) の高校生ニコラ (Nicola) と彼女の友達による発明品 (invention) に関する記事を読んで，分かったことや考えたことを授業で発表したものです。これを読んで，(1)〜(7) の問いに答えなさい。

(6) 本文の内容に合うように，①〜③の (　　) に当てはまる最も適切なものを，ア〜エからそれぞれ一つずつ選んで記号を書きなさい。
　　① Many people in the poor places in her town lived without (　　).
　　　ア lights　　イ friends　　ウ problems　　エ roads

▶正解　ア

(2016年度秋田県公立高等学校入試問題)

　南アフリカの貧しい地域といっても，道路がないとは考えにくく，友達の有無も貧富には関係なさそうです。ウは論外であるので，正解はア lights と本文を読まなくても常識から解答出来そうです。以下は2022年度共通テストからです。

問2 According to David's report, one advantage of having pets is that
(12).
① you can save money.
② you can sleep longer
③ you will become popular
④ your life can be more enjoyable 　　　　　　　正解　④

どうでしょう。④が正解なのは自明ではないでしょうか。このような問題は、英文の内容が割と一般的な常識的な内容を扱っている場合はよく起こります。選択肢に、一般常識に反する内容の語や英文を入れないことが必要となりますが、さらに、テストが完成した後、本文を読まないで解答できるかどうか確認し、正解が容易に得られるようであれば、修正しなければいけません。

6 同じ意味を持つ選択肢を避ける

次の選択肢を見てください。

問　次のうち本文の内容に合う英文を選びなさい。
　ア　Ken did not go to high school when he was in America.
　イ　Ken enjoyed his school life very much in America.
　ウ　Ken had troubles when he talked with his American friends.
　エ　Ken was very happy in his American high school.

(筆者作成)

アだけ「学校へ通っていない」ということで、他とは前提が違っているので正解ではなさそうです。そこで、残りの3つですが、イとエはほぼ同じことを述べています。1つを選択するわけですから、この2つは正解の可能性がなくなり、従って残ったウが正解となります。

問　空欄に入る語を選びなさい
　He asked me (　　) my parents lived.

ア if　　イ what　　ウ where　　エ whether

（筆者作成）

　この問題も　アとエが「〜どうか」と同じ意味を表すので自動的に正解から外れ，実質イとウの２択の問題になっています。このように同じ意味を表す英文や語を入れると，選択肢として機能しなくなります。受験生は選択肢を見て明らかに違うものを除外し，似たような意味を持つ選択肢を避けるというテクニックを使うことがわかっています（Alderson 他，1995）。このように，同じ意味あるいはよく似た意味を表す選択肢を入れることは避けるべきであると言えます。

⑦　選択肢の英文の難易度について

　以下は過去に高校入試に出題された問題の選択肢を参考に，筆者がほぼ同じ難易度となるよう作成した選択肢です。

問　次のうち本文の内容に合わない英文を２つ選びなさい
- ア　The cameraman told Kazuki about an aurora blog during his university visit.
- イ　After viewing the images and videos of the aurora, Kazuki wrote a letter to Mr. Johnson.
- ウ　Mr. Johnson mentioned that he's still unsure about the origin of the aurora's particles.
- エ　Kazuki and Mr. Johnson held diverse views about the source of the aurora's illumination.
- オ　Mr. Johnson said some schools in Kazuki's homeland include aurora studies in their curriculum.

　どうでしょう。中学三年生にとっては複雑な構文，難易度の高い語句も含まれ，また，それぞれの文の語数も多く，本文を読む英語力以上を要求していると感じられませんか。そのため，本文は理解できているのに，選択肢の英語が難しいが故に，解答出来ないというケースが考えられます。このような問題を防ぐためには，本文の理解を測る問題であるならば，本文よりも易

しい英文を選択肢に用いるべきと言えます（若林・根岸 1993）。若林・根岸 (1993) は場合によっては，日本語で選択肢を示すことが望ましいとも述べています。確かに，選択肢の英文が難しいと妥当性の問題があるということになります。ただ，定期考査においては，選択肢の英文に意図的に試験範囲内の目標文法や語彙等を入れて，選択肢の英文の理解を含めて測定することも有り得るかと思います。ただしテスティング理論の観点，特に妥当性の面からは，選択肢の英文のレベルは本文以下とするのが基本です。

　上の問題にはもう一点，考えるべきことがあります。それは「合わないもの」を選ばせていることです。受験生は，不注意から「正しい，合うもの」を選んでしまうことが多いと言われています。信頼性を高めるためには，問題指示文の「合わないもの」を太字にするか，下線を引く（「合わないもの」）などの工夫が必要です。しかしながら，合わないものを選ぶという思考プロセスには，内容理解からさらに一つ進んだ英語力を超えた，あるいは関係のない判断力を要求することも有りえます。英文の内容が抽象的で難易度が高い場合は特にそうだと考えられます。この点からも，「合わないもの，正しくないもの」を選ばせる問題は出来るだけ避けるべきだと考えます。

❽ 選択肢の数を 3 にするか 4 にするか？

　選択肢の数は，4 つが一般的だと思われます。これを 3 つにすると，偶然に正解する可能性が 33% となり，テストの信頼性が低くなってしまいます。ただ，選択肢の数を増やしても，選択率，識別力の低い項目が含まれるのであれば，実質的には 3 択と変わらないということも有りえます。また，能力の低い受験者のみが選ぶ良い誤答を作成することは難しく，加えて，4 つにするために限りなく正解に近い誤答を加えてしまう可能性も考えられます。実際に，テスティングの研究においても，3 択が優位であるという考え方も強く（例，Downing, 2006; Shizuka 他, 2006），3 つにすべきかあるいは 4 つにすべきかは難しいところであると言えます。そこで，4 つを理想とし，良い誤答の作成が難しい場合においては 3 つにするという提案をしたいと思います。同じ大問の中に 4 択と 3 択が混在していては見栄えが悪いですが，大問間での不整合は問題ないかと考えます。つまり，同じ定期考査問題で，ある大問では 3 択，別の大問では 4 択ということがあっても良いということ

です。3択にすることによって，当て推量正解の可能性が上がり，テストの信頼性が下がってしまうという危惧がありますが，3択にする場合は，出来るだけ項目数を多くする（ただし生徒が時間内で解ける範囲で）ことで，信頼性を上げていくことが必要でしょう。「正しければ T，誤っていれば F を書きなさい」のような2択問題は，いい加減に選んでも 50% の確率で正解が得られるので，考査においては避けるべきでしょう。

❾ 複数の正解の可能性をなくする

正解は一つしかないと作問者が思い込み，実際には複数の正解の可能性のある問題が出題されることがあります。それを避けるためには「文脈を明確にする」ことが必要です。

問　空所に入る語を選びなさい
Lisa:　　Tom (　　) be in school now.
Kanako: OK, I will call him.
① can　　　② cannot　　　③ must　　　④ won't

（筆者作成）

確信の強い否定の推量を表す cannot を選ばせる問題ですが，他の選択肢が正解となる可能性もありそうです。そこで，文脈を明確にすることで，他の正解の可能性をなくすることが必要です。

Lisa:　　Tom (　　) be in this school now. He left an hour ago.
Kanako: OK, I will call him.

School を this school にすることで，二人が今，学校にいること，He left an hour ago. を加えることで，今 Tom は学校にいないことが明確になり，正解は②の cannot のみになります。

また，「選択肢に解釈の幅の広い表現は避ける」ことも必要です。英文理解を問う問題の選択肢に可能性・推量を表す can, could / may, might などの助動詞や，sometime, some of the... などの広い解釈の出来る表現をいれる

66

と，作問者が誤答と意図していても，正解となりうることが起こります。以下の問題を見てみましょう。

I want to be a farmer. I have three reasons.

First, I like fresh vegetables. Fresh food is important for our everyday lives and health. So I want to grow healthy and organic vegetables for everyone.

Second, I am interested in technology. Farmers use technology to do many things. For example, they use drones to monitor crops and sensors to collect data twenty-four hours a day. I want to learn technology to improve farming.

Third, I think that farming is a way to bring people together. One day, I worked at a farm with other visitors from near and far, such as families, students, and tourists. We harvested some vegetables together. Later, we cooked them to make lunch. Over lunch, we talked about day's experiences and became friends. This is important to me.

In short, with farming I can combine my love of good food, my interests in technology, and my wish to connect people. Farming is an ideal job for me.
(*NEW CROWN Book 2* Lesson2 My Dream USE Read)

問　上のスピーチの内容に当てはまるものを選びなさい
① She likes healthy food and technology very much.
② Some farmers do not like to use technology.
③ She can have a lot of friends in the future.
④ Some people don't like to work with visitors.

正解はもちろん①になりますが，some や can などの語句により，他の選択肢の正解の可能性も完全には否定できません。出来るだけ，そのような曖昧さや解釈に幅を与える表現を避けた方がいいでしょう。以下は②～④の修正案です。

② Farmers do not like to use technology.
③ She will have a lot of friends in the future.
④ People don't like to work with visitors.

また，選択肢に明らかな誤答を用いることで，複数の正解の可能性を排除することが可能ですが，ここで気を付けなければいけないのは，単に文法の知識を問う設問以外では，明らかに文法的に間違っている選択肢を入れないということです。以下は，会話文のつながりやまとまり（結束性）から空欄に入る適切な応答を選ぶ問題です。（筆者作成）

> Student: Would it be possible for you to review my essay later this evening?
> Teacher: I'm sorry, but I'm quite busy today. I have several meetings in the evening.
> Student: I understand. Then... (　　)
> Teacher: Yes. And please send it to me by email so I can read it before you come.

> ① Can you not attend the meetings and review my essay instead?
> ② Could I visit your office after class tomorrow for feedback?
> ③ Should I set a meeting with you for later today?
> ④ Could you provide me with the essay draft to check?

正解は②ですが，選択肢は全て文法的には正しい英文であることが分かります。仮に選択肢の中に文法的に正しくない英文を入れてしまうと（例えば，Could I visited your office after class tomorrow for feedback? や Could you provide me for the essay draft to check? など）文法の知識を問うことになり，本来の意図から離れた妥当性の低い問題になってしまいます。

🔟 選択肢の順序：アルファベット順の提案

　何らかのツールを用いてランダムに選択肢が並ぶように出来るのなら別ですが，選択肢を①〜④，a. 〜 d. のなかで，どのように並べていくかも悩ましい問題ではないでしょうか。一番最初に正解が来ると，受験者は残りの選択肢を読まなくてもよくなるので，最初に正解を置くのは避けるべきだという主張もあります。また，特定の選択肢に正解が偏らないようにバランスを調

整すべきという考えもあります。ある程度の（正当性があると考えられる）規準を常に維持して，選択肢を並べていくことは重要です。しかし，生徒がこれに慣れると（あるいは見抜くと），例えば，正解が①か②(a か b) か迷った際に，②(b) を選ぶようにするとか，③(c) の正解が 2 回続いたので，次はそれ以外から正解を選ぶというように，いわゆる受験テクニックに走るようになることが考えられます。多肢選択問題である以上，ある程度はやむを得ないのですが，この問題を緩和するためにアルファベット順に並べることを提案します。これは大学入試共通テストでも採用されている方法です。

Both cupuacu and briti can be used to make (　　)

① a cake　　② chocolate　　③ ice cream　　④ yogurt

（2022 年度共通テスト問題）

次に共通テストの以下の問題をみてください。

問3 The statement that best reflects one finding from the survey is (　13　)

　　① "I feel uncomfortable when I watch TV with my cat."

　　② "I spend about three hours with my pet every day."

　　③ "Most pets like going in car trips."

　　④ "Pets need a room of their own."

（2022 年度共通テスト試験問題）

　まず，①②の I と③の M, ④の P で I → M, P の順になり，①と②では feel の f と spend の s で 順番が決まります。これだと，テスト作成者はどこに選択肢を置くか悩む必要もなく，受験生もアルファベット順ということを知っているので，無用な受験テクニックを使わず，純粋に正解を選択することになると言えます。選択肢作成の際に自動的に順番が決まってしまうわけですが，作成時には順番の事は考えず，あくまで完成後にこの方式で並べることでいいかと思います。解答用紙に正解が並ぶとある単語が出来るとか，文になるなどのような，趣のある事をして楽しんでいる先生方もおられるようですが，生徒に余計な負荷をかけてしまうので，これは避けるべきでしょう（卒業目前，最後のテストで，解答を並べると「ありがとう」や「さよなら」になるといった粋なことは，一度くらいはいいとは思いますが）。

11 項目と項目が独立するよう気をつける

以下は、近畿圏のある中学校で定期考査において実際に出題された問題です。

【7】 次の対話が成り立つように、[ ] 内に最もよくあてはまるものを選択肢の中から1つずつ選び、記号で答えなさい（なお、同じ答えは2度選んではいけません）。

A : [　①　]

B : Sure. Here you are.

A : [　②　]

B : Sightseeing.

A : [　③　]

B : For five days.

A : [　④　]

B : At my sister's house in London.

A : I see. [　⑤　]

B : Thank you.

ア What's the purpose of your visit?

イ Where are you going to stay?

ウ Show me your passport, please.

エ How long are you going to stay?

オ Enjoy your stay.

▶正解　①ウ　②ア　③エ　④イ　⑤オ

基本的表現の知識と、会話のつながり（結束性）にかかわる平易な問題ですが、懸念としては、1つ間違えると自動的にもう一題間違ってしまうということです。実はこの形式の問題は過去のセンター試験でも出題されていました。

 B 次の表は、本文のパラグラフ（段落）ごとの内容をまとめたものである。[52]～[55]に入れるのに最も適当なものを、下の①～④のうちから一つずつ選び、表を完成させよ。ただし、同じものを繰り返し選んではいけない。

Paragraph	Content
(1)	The realization that friendships are important
(2)	52
(3)	53
(4)	54
(5)	55
(6)	What is important to keep in mind

① A report about the results of a study on long-term friendships
② The importance of looking at a situation from our friend's perspective
③ The significance of understanding that friendships undergo transformations
④ The value of staying in contact and interacting with your friends

▶正解　順に④，②，③，①

（2017 年度年センター試験問題）

　この問題の一つ一つはパラグラフの要旨の理解を問う一般的な問題なのですが，一問を間違えると，もう一問も不正解になる形式については，検討が必要だと考えます。実は，この問題は完全解答ですので，4 つまとめて一問という考え方も出来るのですが，4 パラグラフのうち，1 パラグラフだけ，理解が不十分で正解できなかった受験生も，4 パラグラフすべて理解できなかった受験生も同じように無得点というのは，公平性に欠けると考えられます。また，配点が同じ大問の他の問題と同じ（6 点）というのも，この問題に正解するために受験生が費やす時間と労力を考えると問題があるといえます。作問が大変になりますが，問ごとに選択肢を設けるのが理想的と言えます。さらに，このセンター試験の第 6 問にはもう一点深刻な問題がありました。以下を見てください。上の B の問題の前に，実は各パラグラフの内容理解に関する問いがすでに問われています。

　A 次の問い（問 1 〜 5）の 47 〜 51 に入れるのに最も適当なものを，それぞれ下の①〜④のうちから一つずつ選べ。

問3 According to paragraph (5), research found it is important to ⬚49⬚ .

① hesitate to express one's true feelings
② ignore misunderstandings and disputes
③ put up with problems whenever one can
④ solve problems while they are small

つまり，49 番と 55 番は同じようなことを形式を変えて問うことになっている可能性があり，両方で正解するか，両方ともに不正解になってしまう可能性が非常に高いと言えます。この形式は，同じようなレベルの読解力の受験生が問題形式のために点数で差がついてしまうことが起こりうるので，修正されるべきでした。提案としては，例えば，A ではパラグラフ全体の理解に関わらない特定の情報の理解に関する問にして，B においてパラグラフごとに要点をまとめた表現を選ばせるようにするなどが考えられます（それでも 2 問間の相関は非常に高いと考えられますが）。

この項目の独立性の問題は，多肢選択形式に限ったことではありません。次に紹介するのは実際に中学校で出題された問題です。こちらはより深刻です。

次の文を〔　　〕内の指示に従って書き換えなさい。
(1) He runs fast. 〔過去進行形の文に〕
(2) 〔(1) の解答の文を否定文に〕
(3) We have a party. 〔will を使った未来を表す文に〕
(4) 〔(3) の解答の文を否定文に〕
(5) Ken is a doctor. 〔「～かもしれない」を表す文に〕
(6) My sisters read books. 〔「～しなければならない」を表す文に〕
(7) She cleans the room. 〔「～するべきである」を表す文に〕
(8) 〔(7) の解答の文を否定文に〕

(2) (4) (8) に正解できるのは (1) (3) (7) で正解していることが前提となっています。(1) (2) を例にすると，言語習得上，確かに過去進行形を使えることが，過去進行形の否定文を使えることの前提であるかもしれませんが（必ずしもそうとは言えないかもしれません），テストの上ではまずいと

言えます。使用語句の重複や，(2) の正解文（であろうと思われる）He was running very fast. もいったい何を意味しているのか不明です。以下は修正案です。

(1) Tom runs fast in the mountain.〔過去進行形の文に〕
(2) Linda was singing a song in her room.〔否定文に〕

これだと，(1) (2) ともに正解，(1) (2) ともに不正解，(1) か (2) のどちらか正解のすべてのパターンが考えられ項目の独立性は担保されます。危惧としては，(2) が (1) を解答するヒントとなる可能性がありますが，これは，定期考査という到達度テストであり，(2) を見て過去進行形に気づく（思い出す）のは，考査自体が学習の機会でもあるべき（静，2002）という立場で許容範囲と考えられます。

　多肢選択問題に関わらず，各項目が独立していることは重要なことです。問題作成にあたって留意すべき点です。ちなみに，(3) (4)，(7) (8) に関しては，以下のような修正が考えられます。

(3) We have a party.「来週 (next week) パーティーを開きます，という未来の文に」
(4) Ken comes to the library every Monday. を「来週の月曜は来ませんという未来の文に」
(7) Yoko cleans her room. を「すべきだ」という強い意味の文に
(8) Tom makes lunch for Yoko.「作るべきではない」という文に

Haladyna (2004) による多肢選択問題ガイドラインは非常に参考になります。以下，出来るだけ分かり易いように筆者が意訳したものを載せます。

多肢選択問題執筆ガイドライン

（Haladyna, T.M.(2004) を意訳）

内容に関して
1. 各設問は，ある特定の目的を持ち，ある一つの内容の理解と認知的能力に基づいて解けること
2. 各設問は受験者が学ぶべき重要な事柄を問うこと
3. 高いレベルの能力を測る場合は受験者にとって新しい素材を用いること
4. 各設問の内容はお互いに独立していること
5. あまりに些細な，逆に一般的すぎる内容を扱わないこと
6. 個人の意見に影響される答えを問わないこと
7. ひっかけ問題にならないこと

設問・選択肢の形式・体裁に関して
8. 選択肢は縦に並べること
9. より明快に分かり易くなるよう校正すること
10. 文法や句読法，大文字，スペル等が正しいか校正すること
11. 語彙を簡単にすること
12. 読む時間が短くて済むようにすること
13. 各英文を最終チェックすること

設問の記述に関して
14. 指示を明確にすること
15. 出来るだけ簡潔にすること
16. 選択肢ではなく，設問を読んで何が問われているかわかるようにすること
17. 余計な情報は盛り込まないこと
18. Except（「～以外」）や Not（「～でない」）などの否定表現を用いないこと

選択肢の記述に関して
19. 識別力の高い良い選択肢のみを用いること。多くの場合，3肢で事足りる
20. 正答肢の位置をランダムにばらつかせること
21. 選択肢を，何らかの法則にしたがって配置すること。数字の場合は小→大の順序で
22. 各選択肢はお互いに独立しており，内容に重なりがないこと
23. 内容や文法において均質 (homogeneous) の選択肢にすること

24. 長さをほぼ同じにすること

25. None of the above（「上記のどれも～ない」）の使用は控えること

26. All of the above（「上記のすべては～」）は用いないこと

27. Except（「～以外」）や Not（「～でない」）などの否定表現を用いないこと

28. 選択肢が正解のヒントにならないこと

29. 明らかに不要・不自然な選択肢は入れないこと

30. 生徒が犯しやすい典型的な間違いを誤答肢として入れること

31. ユーモアは用いないほうが良い

ガイドライン項目の中には，実現の難しいものありますが，概ねこのガイドラインに沿って考え，テストの目的により，各先生が判断して活用していけば良いかと思います。詳しくは，原典をお読みください。

タスク 14

1. 本文で紹介した以下の問題の修正案を考えてみよう。

次の対話が成り立つように，[ ]内に最もよくあてはまるものを選択肢の中から1つずつ選び，記号で答えなさい（なお，同じ答えは2度選んではいけません）。

A : [①]　　　　　　　ア　What's the purpose of your visit?

B : Sure. Here you are.　　イ　Where are you going to stay?

A : [②]　　　　　　　ウ　Show me your passport, please.

B : Sightseeing.　　　　エ　How long are you going to stay?

A : [③]　　　　　　　オ　Enjoy your stay.

B : For five days.

A : [④]

B : At my sister's house in London.

A : I see. [⑤]

B : Thank you

2. 次の選択肢の長さを英文の内容を変えずに出来るだけ揃えるように工夫してみよう。

① He wanted to rest in a place where he lives in.
② He didn't like studying.
③ He stopped avoiding his father.

第7章

評価の信頼性について

　4技能の評価については，技能ごとに後ほど詳しく述べますが，ここでは，音読とパフォーマンステストについて扱います。

1 音読テストとその評価の信頼性と妥当性

　最近は音読活動がブームといって良いほど授業で多く取り入れられる傾向にあります。英語学習に効果があるとすでに定着した状態にある，とも言えそうです。確かに，正しい方法で練習すると，正しい発音やリズム，アクセントが身につき，さらに回数を相当こなすと，文法や英文の構造が自然に身につくという効果が期待されるのかもしれません。しかしながら，音読活動自体はコミュニケーション活動ではなく，音読をすることを直接生徒のコミュニケーション能力育成につなげるのは難しいと筆者は考えています。ネイティブスピーカーでも音読が上手い人と，そうでない人がいる (Hughes, 2003) ように，音読する能力とコミュニケーション能力は別であると考えられるからです。もちろん，ある程度の助けにはなるでしょうが，英語教育の目的は，「コミュニケーション能力の育成」であるので，音読からさらに発展させて，実際に英語を「使用させること」が重要であると考えます。したがって，音読活動を授業で実施し，音読テストを行うのであれば，その目的

を明確にすること（妥当性）が必要です。授業の目的の一つが「音読が出来ること」であれば，何ら問題は有りませんが，「英語運用能力の向上」ということであれば，音読はあくまでその過程の一つとしてとらえるべきです。さて，音読の評価についてですが，発音やアクセントが適切か，イントネーションや意味の句切れへの意識はあるか，声量は十分か等の客観的基準を示した評価表を作成し，生徒にも事前に示すことで，客観的に評価することが出来ます。

　次の例は，筆者が作成した音読の評価基準です。

項　目	得点（5 4 3 2 1）	コメント
リズム・イントネーション	(5. 4. 3. 2. 1)	
語と語の音のつながり	(5. 4. 3. 2. 1)	
単語のアクセントの位置	(5. 4. 3. 2. 1)	
区切りの位置	(5. 4. 3. 2. 1)	
発音の正確さ	(5. 4. 3. 2. 1)	
声量	(5. 4. 3. 2. 1)	
感情の込め方	(5. 4. 3. 2. 1)	
合　計		

　このような評価表を用いて，出来るだけ数多く実施することで，信頼性が高まると考えられますが，問題もあります。上の例では，7項目各5点で，35点満点になっていますが，各項目がそれぞれ同じ程度に重要かということです。例えば，「感情を込めること」と「発音の正確さ」は同じように重要なのでしょうか。合計点が同じ2人の生徒がいたとして，一人は「リズム・イントネーション」と「語と語のつながり」で満点，もう一人は「声量」と「感情の込めかた」で満点の場合，この2人の音読能力は同等と言えるのでしょうか。つまり，このような，複数の観点に得点をつけ合計するという分析的評価は，信頼性が高くても，本当に測ろうとしている能力を総合的に測れているかという妥当性に欠ける可能性があるということになりま

す。そこで，その問題を緩和するために，全体の印象に基づいて採点する総合的評価との併用を提案します。総合的評価では，上の例であれば，7つの項目を鑑みて総合的に判断し，10点満点中の○点というように評価します（あるいは5点満点，さらに簡略化するのであればA，B，Cの総合評価でも良いかと思います）。時間もあまりかからず，実際の印象と整合性の高い妥当な評価が出来るという利点がありますが，ある項目が著しく優れていて，他がダメな場合でも高得点を与えてしまう可能性もあります。また，生徒に何が出来ていて，何が不十分であるかという診断的な情報を与えることが難しいとも言えます。したがって，音読を評価する場合は，両方の評価を用いて，出来るだけ数多く実施することが理想であるといえます。一回のテストで分析評価と総合評価の2つが出来ればいいのですが，目的や内容に合わせてどちらかを選び，適切に併用していくのが，現実的であるといえます。余談ですが，この2つの評価方法でどれくらい点数に開きがあるか，同僚のネイティブと筆者で，大学生10名の音読を評価したところ，2人（ネイティブの先生は分析的評価，筆者は総合的評価）の点数に大きな違いはありませんでした。

　最後に，繰り返しになりますが，音読テストから，さらに英語の運用能力を測るテストへ発展させていくことが必要だということを強調したいと思います。

2 パフォーマンステストとその評価の信頼性について

　授業においては，教師が英語で多くのインプットを与え，教師と生徒，生徒同士の英語でのインタラクションが起こり，生徒の英語でのアウトプットの機会が潤沢にあることが，英語習得には不可欠です。英語教育も，生徒が実際に英語を使って何かを行う実践的英語運用能力育成へと大きく舵が切られており，実際に授業においてもタスクやコミュニケーション活動が多く行われていくことになると予想されます。その場合，内容妥当性の観点から，筆記テストだけではなく，コミュニケーション能力測定のため，文脈のある中で，実際に英語を使用してもらい評価する「パフォーマンス評価」を実施することが必要となります。従来の筆記テストでは知識の有無，理解度（宣言的知識）をみることはできますが，実際にコミュニケーションで使えるか

どうか（手続き的知識）をみることはできないからです。様々な言語活動を行い，生徒のパフォーマンスを評価することになるのですが，時間がかかるという実用性の問題や，さらに，評価の信頼性の確保の問題が生じてきます。これらの問題の緩和策としては，評価項目ごとにその評価基準を明記した一覧であるルーブリックの活用が有効です。ルーブリックを活用することにより，より円滑に，ある程度の信頼性を確保して生徒のパフォーマンスを評価することができます。また，あらかじめ，評価基準を生徒に示しておくことで，生徒の明確な学習目標にもなります。パフォーマンス評価として，6 つのレベルからなるヨーロッパ言語共通参照枠 (CEFR) のルーブリックが有名ですが，対象とする学習者と日本人学習者とのレベルの差が大きく，日本の中学・高校の授業で身に付けた能力を測る尺度としては必ずしも適してはいません。そこで開発されたのが，CEFR-J です。CEFR-J では，CEFR の課題であったレベル分けを日本人の一般的な英語能力に合わせて細分化されています。特に下位のレベルだけでも 6 分類されており，これにより，日本の中高生により適した尺度となっています。教師が，CEFR や CEFR-J の詳細な能力記述を参考に，目標や活動内容に応じて，評価項目を絞り，簡潔にしていくと良いでしょう。以下は，高校での，仮定法過去を使用しての活動を評価するルーブリックです（深澤，2014 を参考に筆者が作成）。

活　動

Interview ▷

仮定法過去を用いて「もし今自由な時間がたくさんあったら何をするか」をできるだけ多くの人にインタビューしてください。表にインタビューした人の名前と，その人が何をするかについて書いてください。さらに，それ以外の質問を一つ加えて，その人の情報を聞き出し，自由に会話を続けてください。

（質問は何でもいいです）　出来るだけ何も見ないで会話すること。

表現の能力	評価項目	1（得点）	2	3
流暢さ	① 発話（声量・発音・イントネーション）	声量が少なく，発音も不明瞭で，聞き取れないところが多い	声量はほどほどで，発音も大きな問題はなく，概ね聞き取れる	声量は十分で，発音も明瞭である
	② 表現	状況に応じた適切な語句・表現を用いてコミュニケーションしていない	概ね状況に応じて適切な語句・表現を用いてコミュニケーションしている	状況に応じた語句・表現で相手と上手くコミュニケーションしている
正確さ	③ 文法	仮定法過去の表現がほとんど正しく使えていない	多少の誤用もあるが，仮定法過去の表現を使っている	仮定法過去の表現を正しく使っている

　このルーブリックでは，評価の上での尺度となる学習者のレベルに応じた簡潔な能力記述文が示されています。ここで一点強調したいのは，中学・高校でのタスクなどのコミュニケーション活動は出来るだけ正確な英語を用いてのコミュニケーション活動を目指すべきということです。例えば，あるタスクを完成しようとする場合，ゼスチャーなどの非言語手段を用いてコミュニケーションを図ることも可能ですし，言語を用いたとしても，単語の羅列，非文の繰り返しにより，何とかメッセージを伝えることはできます。しかしながら，そのような活動・評価では，生徒の言語運用能力の向上を望むことは難しいと言えます。授業数の限られた日本の EFL 英語学習環境においては，目標文法，語彙，表現を明確にして，出来るだけ正確にかつ流暢に使用できるよう指導し，ルーブリックにも反映させるべきであると考えます。また，発音・アクセントに関しては母語話者のような完璧さを求めるのではなく，「日本人的訛りがあるが，意味伝達に大きな支障がない」で，良しとするのでいいのではないでしょうか。「では，どの程度までなら可か？」については，難しい問題で意見の分かれるところであるかと思いますが，本書の趣旨とは外れるので，ここではこれ以上は議論しないことにします。

評価の信頼性については，これも難しい問題です。出来れば，複数の評価者で複数回行えば良いのでしょうが，現実的には難しいかと思います。従って，授業担当の先生が学期内で複数回（できるだけ多く）実行することが理想だと言えます。さらに，日常から教師と各生徒との英語でのコミュニケーションを潤沢に行い，各生徒の英語運用能力を把握しておくことも提案したいと思います。英語での授業での教師からの多くのインプットと，教師と生徒のインタラクション，そして生徒のアウトプット活動を通して，教師は十分に生徒を観察することができ，それが評価の機会になるかとも考えられます。授業そのものがテストともなり得るということです。このように，日常の授業での言語活動と，ある程度フォーマルな形のパフォーマンス評価の二本立てにより，生徒の言語運用能力を評価していくことで，信頼性のある程度高い評価が可能になると言えます。

　次に，生徒同士で互いのパフォーマンスを評価し合う生徒相互評価（ピア評価）について述べたいと思います。文法や，発音，内容など観点別に点数をつけ，さらにコメントを記入する形式のピア評価は，新しい評価法として注目されつつあります。教師だけではなく，他の生徒にも注目され評価されるということで，発表者の「頑張ろう」という気持ちを鼓舞しモチベーションを上げることにおいて効果があると言えます。クラスメートに評価をされ，また自分も他の生徒の評価をするということで，仲間との関係性も深まり，以後の授業においても良い影響があるかもしれません。また，他者を評価することにより，自分のパフォーマンスも客観的に見ることが出来るようになるでしょう。しかしながら，評価の信頼性という点においては，中学・高校では，生徒のほとんどが初級（あるいは中級下位）レベルの学習者であり，パフォーマンスの質について的確な評価を期待するのは酷であると言えます。評価者の人数を多くし，評価の回数を増やすことにより，信頼性を高めたり，客観的なパフォーマンス評価法について，事前にしっかりと練習したりするなどの方策が考えられますが，それでも，そもそもの英語能力がある程度高くなければ，信頼性の高い評価は難しいと言えます。あくまで，波及効果における利点からピア評価を採用し，実際の評価にはデータとしてごく参考程度に留めるというのが良いのではないでしょうか。

　日常生活において英語を使用する（英語でパフォーマンスする）機会，必要がほとんどなく，一クラスの生徒数が多いという学習環境で，パフォーマ

ンス評価を常時実行していくことには，様々な困難，課題等が残りますが，この評価は，生徒に実際のコミュニケーションのための英語運用能力を身につける大きな動機づけになります，つまり，大きなプラスの波及効果を与えるということになります。今後ますます生徒のコミュニケーション能力の育成が強調されていく流れのなかで，これまで以上に重要になっていくと言えるでしょう。

タスク 15

中学1年生，高校3年生を対象としたスピーキング能力を測るパフォーマンステストを考え，それぞれについて，評価のためのルーブリックを作成してみよう。

コラム 3

「外国語コミュニケーション」での 4 round practice, speech　音読テストの実践

　筆者の一般英語の必修科目「外国語コミュニケーション」での実践を紹介します。英語を専門としない2回生，30人弱のクラスです。将来，小学校教員として「英語」を担当することになる学生も履修しており，英語でのコミュニケーション能力の育成を最重要課題としています。そこで，行っているのが "4 round practice" と筆者が名づけた，プラクティスとタスク，協同学習の要素を組み入れた活動です。前回の授業において，学生は宿題として与えられたトピックで200語ほどの簡単なエッセイを書いてくることが指示されており，英文を書いてきているという前提で行います。手順は以下です。

① 自分の書いてきた英文の内容や，文法・語彙等の確認，修正。
② ペアになり一人が自分の英文をパートナーに読んで聞かせ，パートナーは質問とコメントをする。これを交互に行う。

③ パートナーを変え，今度はエッセイを見ないでパートナーにスピーチを
　する。これを交互に行い，その後 2 人で自由に会話を続ける。
④ パートナーを変え，筆者がトピックに関連した別の話題をその場で与え，
　2 人で与えられた時間，自由に会話をする。

① では，自分の英文がしっかりと相手に理解してもらえるか，読み方，単
　語の発音も含めて確認します。
② において，パートナーは読まれている内容に関しての質問や，コメント
　をするのですが，読まれた英文のわからない箇所があれば，その旨を伝
　えるようにします。
③ に入る前に，もう一度，新パートナーに伝える内容の確認，修正を各自
　で行います。
④ では，とにかく自分の伝えたいことを伝えるよう，ゼスチャーなどの非
　言語コミュニケーションも活用し，活動します。

　宿題のエッセイをベースにしての活動なので，「やってこなければ授業に
参加できない」ことになり，宿題の提出率も 100% 近くになります。もち
ろんこの英作文は評価の対象としています。活動は，自分の英作文の音読か
ら，徐々に自由度のある活動へと移行していくので，英語でのコミュニケー
ションが苦手な学生にとっても優しいものになっていると言えます。この授
業では，音読と，個人インタビューもパフォーマンステストとして実施して
おり，学生の活動へのモチベーションは割と高いのですが，これはペア活動
にしていることも，大きな要因であるかと思います。最後に，何人かにどの
ような会話がなされたか報告してもらうのですが，毎回，有意義でユニーク
なやり取りも行われ，筆者自身も楽しんでいる活動です。全く目新しいもの
ではありませんが，参考にしていただければ幸いです。

第8章

避けるべきテスト問題・テスト形式
──英文和訳問題と総合問題

　生徒は自分たちの努力したことが「正当に」評価されれば，やる気を高めていきます。逆にやったことが評価されなければやる気を失います。授業におけるティーチング・ポイントと評価におけるテスティング・ポイントを一致させること（評価の妥当性を高めること）が，生徒の意欲を引き出すことにつながっていきます。学習指導要領に示されている教科の目標に従って授業を行い，それからどう評価するかを考えてテストを作成する先生は多いことでしょう。これはすなわち「目標→授業→評価」というサイクルになります。しかしこれを「目標→評価→授業」というサイクルに変えることで，評価と授業をより直接的に結びつけることができます。目標に沿って何をどう評価するか決め，それから授業の展開を考えます。できれば学期が始まる前にテストを作成してしまい，それに従って日々の授業を展開していくのです。多くの学校で作成された CAN-DO Lists もこの流れを後押しし．指導と評価の一体化が意識されるようになっています。学校によっては，中学・高校3年間における最終ゴールを設定し，そこから逆算して各学年の評価，各学期の評価を定めてから毎日の授業を行っているところもあります。

　学習指導要領に定められた中学・高校における「外国語科」の最大の目標は「コミュニケーション能力の育成」です。英語でのコミュニケーション能力を伸ばすことを目的とした授業を行っているのなら，テストも基本的に生

徒の英語によるコミュニケーション能力を測定するものでなければなりません。この能力の測定が難しいのは、タスクなどを与えてその反応を通してしか観察ができないことです。このタスクに問題があると、正しくその能力を測れないばかりか、生徒に負の波及効果を与えてしまいかねません。コミュニケーション能力の測定という観点からすると、今まで英語テストで広く取り入れられてきた「英文和訳問題」や「総合問題」に多くの研究者が疑問を投げかけています（Car, 2011; 靜, 2002; 松村, 2009; 若林・根岸, 1993）。本章では、まずコミュニケーション能力とは何かということを考え、その測定の難しさにふれたうえで「英文和訳問題」と「総合問題」のコミュニケーション能力を測定するうえでの妥当性・信頼性について議論していきたいと思います。

❶ コミュニケーション能力

　みなさんは「コミュニケーション能力の高い人」と聞くと、どんな人を思い浮かべますか。犬猿の仲だった薩摩と長州を結び付けた坂本龍馬のような人ですか。公民権運動でワシントンに 50 万もの人を集めたキング牧師のような人ですか。もしくは立て板に水のような口上を述べる映画の寅さんのような人かもしれませんね。企業が新入社員に一番求めている能力が、コミュニケーション能力だそうです。古来日本には「コミュニケーション」にあたる言葉が存在しなかったため、私たちは現在、当たり前のようにこの「コミュニケーション能力」という言葉を使います。しかしコミュニケーション能力とはそもそも何なのでしょう。広辞苑では、コミュニケーションを「社会生活を営む人間の間に行われる知覚・感情・思考の伝達」と定義しています。高等学校の学習指導要領では「情報や考えなどを的確に理解したり適切に伝え合ったりする」能力としています。しかしどの程度理解したり伝えたりを求められるのかは、その人が置かれた場面や状況によって変わってきます。英語の教師であれば、学校英語で求めるコミュニケーション能力とは何なのか、どういったコミュニケーション能力を生徒に身につけさせたいのか、明確にしておく必要があります。

　知覚・感情・思考の伝達には言語によるもの (verbal communication) と身振り手振りや顔の表情などの言語によらないもの（non-verbal communication) があります。言語学では（当たり前ですが）もっぱら前者に焦点を当ててきました。大雑把に言えば，言語には人間の脳内にある内在化された「規則」とその規則を基にして実際のコミュニケーション上で用いる「運用」があると考えてきました。言語学の祖ソシュールは前者を「ラング」，後者を「パロール」と呼び，生成文法の創始者チョムスキーは前者を「言語能力 (linguistic competence)」，後者を「言語運用 (linguistic performance)」と呼びました。チョムスキーによると，人間は生まれながらにどんな言語にも対応できる文法規則である普遍文法 (Universal Grammar) を脳内に持っています。特定言語のインプットを得ることで普遍文法がその言語仕様に設定され，人はその言語をほぼオートマティックに運用できるようになるというわけです。生成文法はこのすべての言語の基盤となる普遍文法のメカニズムを明らかにしようとしてきました。人間が生まれながらに持つ統語的規則にもっぱら焦点を当ててきたのです。

　しかし統語的知識を学ぶだけでは，第二言語でコミュニケーションをとることはできません。そうした規則は「何を言うべきか (what to say)」は教えてくれますが，「誰にどんな状況で (to whom in what circumstances)」「どのように言うか (how to say it)」は教えてくれないからです。そうした能力を含めて言語学・言語教育学上で初めて「コミュニケーション能力 (communicative competence) と言う用語を使ったのがハイムズ (Hymes, 1972) です。続くカナルとスウェイン (Canale & Swaine, 1980) は，コミュニケーション能力を以下4つの下位能力に分類しました。

・文法能力 (**grammar competence**) 文法的に正しい文を使用する能力
・談話能力 (**discourse competence**) 意味的にまとまりのある談話や文脈を理解し産出する能力
・社会言語能力 (**sociolinguistic competence**) 相手や状況により，適切な表現を用いる能力
・方略的言語能力 (**Strategic competence**) 目的達成のために様々な状況に対処する能力

上記からは，一文を正しく理解し産出するだけでなく，まとまりのある話や文章を理解したり産出したりすることができ，相手や状況によって適切な表現を選ぶことができ，うまく通じないときには聞き返したり言い換えたりできる能力もコミュニケーション能力に含まれることがわかります。バックマンとパーマー (Bachman & Palmer, 1996) も学習者の言語能力を説明するうえで，自分たちの枠組みの中にこの考え方を取り入れています。

　以上の考えを中学・高校の英語教育の場に当てはめてみるとどうでしょうか。英語の基礎的な知識（文法・語彙・談話構成）を持ち，それをある程度状況に応じた形で活用できる（聞く・話す・読む・書く）能力が，求められる英語コミュニケーション能力であると言えそうです。この「基礎的」「ある程度」の意味を学校現場で考えると，「学校で教えた言語材料」を「教えられたように（時には応用して）」コミュニケーションで活用できる，ということになります。基本的に教えたこともないことを，教えたこともないような形で問うようなテストは良いテストとは言えません。

❷ コミュニケーション能力の測定における間接性

　コミュニケーション能力の測定は容易ではありません。なぜならどのように定義しようと，コミュニケーション能力とは第 2 章で述べた「構成概念」だからです。すでに述べた通り，構成概念とはそれが存在する，と考えたほうが何かと都合がいいのですが，直接観察することができません。もちろん，受験者に単語の意味を聞いたり，正しい文法で書かれた文を選ばせたりすることはできます。4 技能をそれぞれ個別にテストすることも可能です。しかしそれらの得点の合計が，その人のコミュニケーション能力と言えるでしょうか。4 技能をきちんと測定することができれば，語彙や文法のテストは不要であるという考え方もできます。コミュニケーション能力という一元的な能力が存在するとして，それがどこまでの下位能力に分類できるかに対しては，明確な答えはありません。

　また，聞く・話す・読む・書くの 4 技能も間接的にしか測定ができません。つまり，受験者に何らかの刺激（タスク）を与えて得られる反応によって判断するしかないということです。靜 (2002) は 4 技能の測定に関して 2 種類の間接性があることを指摘しています。1 つ目は，あるテストでの反応

を，その他の状況でも通用する一般的能力と単純に見なせないということです。例えば，サッカー好きの生徒がサッカーワールドカップの歴史に関する英文を読み，その読解問題で高得点を挙げたとしても，ゴルフの歴史に関する文章ではそれほどの高得点は取れないかもしれません。言語タスクにおける受験者のパフォーマンスは，言語知識だけでなく，話題に関する背景的知識 (topical knowledge) や話題に対する好き嫌い (affective schemata) などにも左右されます (Backman & Palmer, 1996)。1つのテスト結果を単純に一般化できないことは，教師であればどなたでも感じていることでしょう。

　受容技能である「聞く・読む」には上記の1つ目の間接性に加え，2つ目の間接性が存在します。発表技能の「話す・書く」であれば受験者が話したり書いたりしたものを直接採点することができます。しかし，受験者が何かを聞いたり読んだりして，それをどのくらい理解できたかは本人にしかわからないのです。他の人にはその理解度を見ることができないので，もうひと手間かけるしかありません。つまり，質問を与えて，その反応で判断するしかないのです。理解したことを話し言葉もしくは書き言葉で説明してもらう，または複数の選択肢や絵を与えて理解した内容に合ったものを選んでもらう，などです。しかしこの質問がまずく，内容理解にあまり関わりのないものであったらどうなるでしょう。たとえ受験者が与えられたメッセージをよく理解していたとしても，それを示すせっかくのチャンスを失ってしまうことになります。「話す・書く」と違って「聞く・読む」において受験者は間接的にしか自分の能力を示すことができません。第5章で示したような妥当性・信頼性を高める項目作成がさらに重要になってきます。

　ここまで，コミュニケーション能力とその測定の難しさについて考えてきました。しかし，中学・高校の現場ではコミュニケーション能力育成が目標である以上，これを測定しないわけにはいきません。聞く・話す・読む・書くという4技能のバランスが取れた育成を目指すのであれば，4技能をバランスよくテストすることです。では，語彙や文法のテストは必要でしょうか。筆者らは必要であるという立場をとります。日本の中学生・高校生の大半は初級・中級の英語学習者です。しかも日常では英語の使用することのない EFL 環境に暮らしています。大量の英語インプットがない環境では，暗示的に英語を習得することはほぼ不可能です。意図的に語彙を増やし，明示的に文法知識を獲得することが欠かせません。日本の中学生・高校生に対し

て語彙や文法のテストをすることは意義のある重要なことだと考えています（詳しくは佐藤・笠原 (2022)『効果的授業の設計――理解・練習・繰り返しを重視して』開拓社をご参照ください）。ただし，コミュニケーションを意識し，コミュニケーションにつながる出題の仕方が大切です。語彙・文法・4 技能の測定評価についてはこれ以降の章で扱います。本章の最後では，コミュニケーション能力を測定するという観点からは非常に問題がある項目，英文和訳問題と，問題のある形式，総合問題について取り上げたいと思います。

3 英文和訳問題

　筆者らは，大学入試問題にも，中学・高校における定期テストにも英文和訳問題を出題すべきではないと考えています。理由は，コミュニケーション能力を測定するツールとしては不適格であるからです。言語テストの研究者であるカーは，翻訳というテスト形式に関して次のように述べています (Carr, 2011, p. 43)。

> [T]ranslation is a good way to assess the ability to translate. As a means of assessing reading, writing, speaking, listening, grammar, vocabulary, discourse competence, or sociolinguistic competence, however, it is probably somewhat questionable.

　カーは，翻訳するという能力を測定したいのならいいが，4 技能，文法，語彙，談話能力，社会言語能力など先のセクションで述べたコミュニケーションに関わる能力を測定するには疑問が残ると述べています。翻訳には，原文を理解する以上の様々な能力が求められることが原因です。若林・根岸 (1993) や靜 (2002) の議論をまとめると，英文和訳には以下 3 つの大きな問題があります。

(1) 英文和訳は英文を理解する能力に加えて，わかりやすい日本語に置き換えるための様々な能力を受験者に求めている。
(2) よって，大変な時間がかかる。

(3) 産出された日本語からは，受験者の英文読解力を判断するのは困難
である。

　人が何かを読んで理解すると，頭の中にその理解したメッセージが残りま
す。これを心的表象 (mental representation) と言います。読解力を調べたい
のなら，この心的表象をできるだけきれいな形で取り出してあげる必要があ
ります。英文和訳は心的表象を日本語という形で産出させるため，受験者は
理解した後で様々な日本語に係る処理（適切な訳語を選ぶ，日本語の語順に
する，全体として意味が通るようにする等）を経ることになります。単なる
理解よりも大幅な時間がかかります。そして産出された日本語は，いわばい
ろいろな能力の「ごった煮」です。心的表象がすっかり覆い隠されてしまう
可能性があるため，受験者がどの程度英文を理解できたかを判断するのが難
しくなってしまうのです。

　理解したものを日本語に置き換えているのならまだいいのですが，理解し
ていないのに日本語でなんとなくわかったようにごまかしてしまう，という
ことも起こりえます。古いヒット曲で，That's what's friends are for. という
タイトルの歌がありました。これを生徒が「それは友達がそのためにあると
ころのものである」と訳したとしたら，あなたはどう判断しますか。古い訳
読式の授業を受けた生徒であれば，このように訳してしまうかもしれませ
ん。果たしてこの生徒はこの英文の意味を「理解して」いるのでしょうか。
少なくともこの訳では，どういうときにこの言い方が使われるのかはわから
ないでしょう。5点満点だとしたら何点を与えますか。判断に苦しむところ
です。コミュニケーション上から言えば，この言い方は「だって友達でしょ
う」「そのために友達がいるんじゃない」ぐらいの意味で，友人に何かをし
てあげて "Thank you." と言われたら，"You're welcome." と言うかわりに使

ってもいいよ，程度の理解があればいいところです。しかし和訳せよと言われると，受験者は本当に困ってしまいます。できる生徒なら，「関係代名詞 what を理解していることを示すように訳さなければいけないのだろうか」，「それともわかりやすい日本語にすべきだろうか」，と悩んでしまうかもしれません。できる受験者はこうした「直訳」か「意訳」かの選択に悩み，できない受験者は適当に和訳をでっちあげるかもしれません。採点者はこうした訳からどれだけ受験者が理解できているかを判断するのに苦しむ上に，直訳か意訳のどちらを高く評価するか，という問題にも直面します。

　大学入試からも和訳問題の例を挙げてみましょう。

　　下線部を日本語に訳せ。（英文は抜粋）

　　Slow readers list numerous benefits to a regular reading habit, saying it improves their ability to concentrate, reduces stress levels, and deepens their ability to think, listen, and emphasize. <u>The movement echoes revivals of other old-fashioned, time consuming pursuits that offset the ever-faster pace of life, such as cooking and knitting by hand.</u> （以下省略）

（2016 年度慶応大学医学部入試問題）

　このパラグラフの最初に，じっくり時間をかけて読むことの利点がまとめられており，日本語訳が求められている下線部において，slow reading が料理や手編みのような old-fashioned の時間をかけてやるという娯楽（気晴らし）の復活と呼応しているということが述べられています。下線部を読み，内容を捉えることは難くは有りませんが，これを点数のもらえる日本語訳にするとなると一苦労です。直訳すると，「この動きは，さらに速まる生活ペースを相殺する料理や手編みのような，他の古風な時間のかかる気晴らしの復活と共鳴している」でしょうか。しかしこれだと，自然なわかりやすい日本語とはいえません。そこで，よりわかりやすい日本語に意訳しようとする場合，受験生は迷ってしまいます。offset をここでは辞書通りの「相殺する」にするのは意味が強すぎるので，「相反する」とか，「逆の」あたりにしたいが，減点されてしまわないかとか，old-fashioned を「古風な」ではなく，「昔ながらの」や「昔から親しまれている」にすると日本語としてはわ

かりやすいが，余計な表現を加えない方がいいのではないかとなどと考え込んでしまいます。他にも，echo はここでは目的語をとる他動詞であるので，正確に訳すると「〜を反響させている（共鳴している）」ですが，「古い娯楽の復活に共鳴して，時間をかけた読書も復活している」という訳の方が分かりよい日本語訳ではないでしょうか。しかしながら，受験生は，そこまで意訳していいのか悩んでしまうかもしれません。このように，自分の英文理解をどのように（点数のもらえる）日本語にすべきかということで，かなりの時間が費やされてしまい，本来の英文読解とは趣旨が離れてしまいます。また，出来上がった英文を読んで，どの程度理解できているのかという判断，つまり，採点の信頼性も前に述べたように低くなります。これでは若林・根岸 (1993) が言うとおり，「英語に関するどういう能力をテストしようとしているのかわからない」ですね。例えば多肢選択式の問題で内容理解を問うようにすれば，同じ時間内でもっと多角的に受験者の読解力を測定することができるはずです。なお，後ほど代案をいくつか紹介します。

　このように英文和訳問題は「英文を読む能力」を測定するには非常に妥当性・信頼性の低い問題と言わざるを得ません。さらに英文和訳問題がもたらす最大の弊害，負の波及効果は，靜 (2002) が指摘するとおり，「英語学習とは最終的に日本語を産出すること」という誤ったメッセージを教師と生徒に与えてしまうことでしょう。「英語の授業は基本的に英語で行うこと」という指針が高校の英語教育に示されてから久しく，さらに中学校にも適用されています。にもかかわらず訳読式を続ける教師の言い分の1つが，「入試に出るから」です。しかし英文和訳は日本語を産出することに多くの時間を費やすため，英語によるインプットがどうしても少なくなってしまいます。どんな第二言語でも習得には大量のインプットが不可欠であり，英語インプットを制限することになる訳読式の授業は大いに問題があります。テストに英文和訳問題を出すことは，生徒の英語コミュニケーション能力を正しく測定していないばかりか，その伸長を妨げることにもなりかねません。コミュニケーション能力を測定するツールとしては不適格と言えます。

4 総合問題

　総合問題とは，１つの英文パッセージを用いて，そのパッセージの様々な部分について，様々な形式の問い（発音・語彙・文法・英文和訳など）を発し，答えさせるテスト形式です。総合問題とは皮肉なネーミングです。読解力を「総合的」に見るための問題ではなく，むしろ局所的な理解だけで解答が可能な問題だからです。１つの文章にバラバラなテスティング・ポイントを持った問題を付けているため，何の能力を測定しているのかが不明です。大学入試問題から総合問題の例を１つ見てみましょう。

　以下の文章は，インターネットと言語変化について書かれたものである。これを読み，(31) ～ (45) の問いに対する答えとして最も適切なものを，それぞれ (a) ～ (d) から１つ選びなさい。なお＊印の付いた語には注が与えられている。

　　How much linguistic change has taken(　　)(　　)(31)(　　) of the Internet? The (32) phenomenon is so (33) recent—few people would be able to acknowledge (34) presence in their lives before the mid-1990s—(35) we might expect very little to have happened. Changes in language typically take decades, or even lifetimes, before they are established. But history is no guide, when it (36) to electronic technology. In olden times ((37) i.e. before the Internet), it would take several years before a new word would achieve a sufficiently high community profile to appear (38) print, be picked up by lexicographers*, and come to be recorded in dictionaries. Today, a new word can achieve a global (39) profile within hours. It seems likely that the (40) Internet will speed up the process of language change.

　　But so far the effect of the Internet (41) the character of individual languages (42) very limited. If we take a cursory* look at an instance of Internet language, such as an email, a web page, a blog, or a tweet, the initial impression is that little has changed. We will notice the occasional (43) novel usage, but on the whole the individual words, grammatical

constructions, and orthographic* patterns seem to be (44)different from
(45) we observe in language used outside the electronic medium.

〔注〕 lexicographers：辞書編集者　　cursory：大ざっぱな，急ぎの
orthographic：つづり字の

出典：David Crystal, Internet Linguistics, Routledge

(31) 以下の語のを並べ替えて下線部を完成させたとき，3 番目にくる語
を答えなさい。

(a) the　　　　　(b) since　　　　(c) place　　　　(d) arrival

(32) この語の複数形を選びなさい。

(a) phenomenon　　　　　　(b) phenomenons

(c) phenimenum　　　　　　(d) phenomena

(33) 最も強く読まれる母音の発問がこの語と同じものを選びなさい。

(a) electronic　　(b) individual　　(c) impression　　(d) medium

(34) 空欄に入る語を選びなさい。

(a) whose　　　(b) which　　　(c) its　　　　(d) their

(35) 空欄に入る語を選びなさい。

(a) that　　　　(b) what　　　(c) which　　　(d) when

(36) 空欄に入る語形を選びなさい。

(a) comes　　　(b) came　　　(c) has come　　(d) is coming

(37) この記号に置き換えられる語句を選びなさい。

(a) in fact　　　(b) that is　　　(c) and so on　　(d) compare

(38) 空欄に入る語を選びなさい。

(a) on　　　　　(b) in　　　　(c) for　　　　(d) at

(39) ここでの意味を選びなさい。

(a) a side view of a person's face

(b) a short description of someone's life, work, character, etc.

(c) the amount of public attention and notice that something receives

(d) an edge or shape of something seen against a background

(40) 最も強く発音される音節の位置がこの語と同じものを選びなさい。

(a) typically　　(b) individual　　(c) initial　　　(d) impression

(41) 空欄に入る語を選びなさい。

    (a) on　　　　　(b) in　　　　　(c) for　　　　　(d) at

(42) 空欄に入る語形を選びなさい。

    (a) was　　　　(b) has been　　(c) had been　　(d) will be

(43) ここでの意味を選びなさい。

    (a) fictitious　　(b) new　　　　(c) enjoyable　　(d) literary

(44) 空欄に入る語を選びなさい。

    (a) little　　　　(b) a little　　　(c) much　　　　(d) more

(45) 空欄に入る語を選びなさい。

    (a) that　　　　(b) what　　　　(c) which　　　　(d) when

▶正解　(31) a　(32) d　(33) d　(34) c　(35) a　(36) a　(37) b　(38) b　(39) c
(40) a　(41) a　(42) b　(43) b　(44) a　(45) b

（2013 年度上智大学文学部入試問題）

　この短い文章の要点は，「言語に対するインターネットの影響は，いまだ限定的である」ということでしょう。驚くべきことに，15 の設問中，こうした内容理解を問う設問はゼロです。文法・語彙・発音などを問う問題ばかりで，文章を全く読まなくても解答できるか，局所的理解で解答できるかのどちらかです。受験者の読解力を測定しているのではなく，細かな，しかも互いに脈絡のない知識を測定しています。残念ながら，出題者の頭に「英語コミュニケーション能力の測定」という考えがあったかは疑問です。出題の意図はおそらく「選抜」でしょう。重箱の隅をつつくような知識を問うことにより，受験者間で得点の差を付けようとしているとしか思えません。悲しいかな，これが今までの大学入試英語問題の 1 つの現実です。筆者も別のところで書きました（笠原，2014）が，大学側の入試の最大の目標は受験者の選抜です。これをできるだけ公正に効率よく行いたいのです。このことが時間と労力がかかるコミュニケーション能力の測定とは合い入れません。しかし，この現状は変えねばならないと思います。EFL 環境にあっては，大学入試が高校までの英語学習の大きな目標の 1 つになります。上記のような出題を続けると，受験生に分厚い問題集で 1 つ 1 つ脈絡のない文法や語法の問題をつぶしていくことを奨励してしまうことになります。非常に効率の悪い

学び方です。大学入試も，高校までの英語学習の最大の目標である「コミュ
ニケーション能力の育成」を，できる限り反映したものでなくてはいけませ
ん。

　総合問題の欠点をまとめると，以下の2点になります。

---

(1) 様々な種類の問題があるため，結果として何の能力を測定している
　　のかわからない。
(2) 不自然な読み方が求められるため，英語とは関係ない能力を要求し
　　ている。

　1つ目の欠点は，「何の能力を測定しているかわからない」ことです。上
記の問題を見てください。仮にこれが50点満点だとして，30点を取ったら
何ができたということになるのでしょう。各設問のテスティング・ポイント
がばらばらなため，まとまった診断ができません。総合問題は作成が比較的
容易なため，中学・高校の定期テストでもいまだに広く用いられています。
学校の定期テストは基本的に到達度テストですが，診断テストの側面も持っ
ています。今回何ができて何ができなかったかを生徒に示すことで，今後の
学習指針を提示し，意欲の向上につなげるものであるべきです。しかし，総
合問題ではそうした診断ができません。点数が高いか低いかだけです。ごっ
た煮の総合問題はやめて，読解問題，文法問題，語彙問題などはそれぞれに
別のセクションにし，テスティング・ポイントを明確にしましょう。

　2つ目の欠点は，「不自然な読み方が求められるため，英語とは関係ない
能力を要求している」ことです。上記の入試問題のように，総合問題には空
欄があったり，下線が引いてあったり，複数種類の記号が付いていたりと，
様々な加工が施されています。静 (2002) はこれを「ミニクイ」「ヤリニクイ」
と評しています。受験者は空欄や下線部のたびに立ち止まり，設問を確認
し，また文章の該当箇所へと戻ることを要求されます。時には前の個所へ戻
って考えなければならないこともあるでしょう。受験テクニックを身につけ
た生徒であれば，まず設問を見てから文章の該当箇所へ移動し，必要な範囲
だけを見て解答をしようとするでしょう。まるで暗号解読です。事件解決に
あたっているシャーロック・ホームズや江戸川コナンなら必要な能力かもし

れませんが，普通の文章を読んで理解するにはあまり関係のない能力ではないでしょうか。総合問題はこうした能力をも測定している可能性があるという点で，英語読解力のテストとしては妥当性・信頼性に欠けます。そもそも考えてみてほしいのですが，私たちの日常生活でこのように「ミニクイ」文章を読むことがあるでしょうか。まずありえませんね。総合問題は実際の英語運用からはかけ離れたことを受験者に強要しているのです。第3章で述べた「真正性」が著しく低い問題です。

熟達度テストとして広く普及している TOEIC，TOEFL，英検などのリーディングセクションでは，加工のない，もしくは少ないパッセージを用いて読解力を測定しています。読解力を測定したいのなら，こうした「キレイナ」文章を使い，日常生活と同じように「左から右へ」かつ「上から下へ」と読ませるべきでしょう。こうしなければ「読む」というコミュニケーション能力は育ちません。何を測定しているのか不明で，かつ不自然な読解行動を強要する総合問題は，大学入試からも中学・高校の定期テストからも即刻排除すべきと考えます。

5 英文和訳，総合問題に代わって

英文和訳の代案として，様々な形式の問題が提案されています。例えば，提示した英文の要約を選ばせる，英文中から抜かれた単語をもとの位置にいれさせる，英文（単語ではない）を並べ替えパッセージを完成させる問題などです。(例，金谷他，2004；靜，1999，2002；若林・根岸，1993 等)。ここでは，これらについて簡単に紹介していきます。題材は中学3年生で使用する *NEW CROWN 3* の USE-READ からです。

◎ 提示した英文の要約を問う問題

問題例

次の英文の内容に合っているものを選びなさい。

I work as a doctor in Japan. Every summer I work for four weeks in a non-governmental organization (NGO). I go to places that have serious health problems. I have been to many countries around the world. The

NGO's team members are from different countries, and we speak different languages. We use English to communicate within the team and with local doctors. Our team helps the local doctors learn medical treatments. They help us learn the patients' needs. Sometimes we cannot understand each other well. I have learned that I need to explain things clearly and sensitively.

Language is one of the necessary tools for communication and understanding. We must use it with care and attention.　（教科書原文のまま）

① She decided not to use English to communicate with doctors from other countries in order to work with them.
② She had difficulty working for people with health problems because they could not communicate well in English.
③ She worked very hard to help other people by using English. That was what she really wanted to do.

▶正解　③

◎ 英文中から抜かれた単語をもとの位置に入れさせる問題

【問題例】

次の英文のから５語が抜かれています。もとにあった位置にいれた場合のその前後の単語を書きなさい。

抜かれた単語　[from, helps, cannot, learned, understanding]

I work as a doctor in Japan. Every summer I work for four weeks in a non-governmental organization (NGO). I go to places that have serious health problems. I have been to many countries around the world.

The NGO's team members are *from* different countries, and we speak different languages. We use English to communicate within the team and with local doctors. Our team *helps* the local doctors learn medial treatments. They help us learn the patients' needs. Sometimes we *cannot* understand each other well. I have *learned* that I need to explain things clearly and sensitively.

Language is one of the necessary tools for communication and *understanding*. We must use it with care and attention.

（イタリックの文字は実際は抜かれてます）

① from 　　　　　　直前の語 (　　　), 　　直後の語 (　　　)
② helps 　　　　　　直前の語 (　　　), 　　直後の語 (　　　)
③ cannot 　　　　　直前の語 (　　　), 　　直後の語 (　　　)
④ learned 　　　　　直前の語 (　　　), 　　直後の語 (　　　)
⑤ understanding 　　直前の語 (　　　), 　　直後の語 (　　　)

　　▶正解
　　① 直前の語 (are), 直後の語 (different) 　② 直前の語 (team), 直後の語 (the) 　③ 直前の語 (we), 直後の語 (understand) 　④ 直前の語 (have), 直後の語 (that) ⑤ 直前の語 (and), 直後の語 (We)

　もちろん，これは直前，直後の語両方が合っていて正解となります。どの単語を抜くかにより，難易度を調整したり，問う知識を限定したりすることもできます。

◎ 英文を並べ替えパッセージを完成させる問題

問題例

次の英文に続く英文の順番を並べ替え，パッセージを完成させなさい。

　I work as a doctor in Japan. Every summer I work for four weeks in a non-governmental organization (NGO). I go to places that have serious health problems. I have been to many countries around the world.

　The NGO's team members are from different countries, and we speak different languages. We use English to communicate within the team and with local doctors. Our team helps the local doctors learn medial treatments. They help us learn the patients' needs.

ア　I have learned that I need to explain things clearly and sensitively.

イ　We must use it with care and attention.

ウ　Language is one of the necessary tools for communication and understanding.

エ　Sometimes we cannot understand each other well.

▶正解　エアウイ

　初見の英文であれば，難しいかもしれませんが，授業で扱った題材であれば，問題はないでしょう。普段から英文のつながり，文脈の流れを意識して読む習慣がつくと考えられます。

　過去のセンター試験も参考になります。次の内容の把握と文構造の正確な理解を問う問題は，文法と英文の理解を測ることが出来ます。

C 　次の問い（**問1～4**）の会話の 24 ～ 26 において，二人目の発言が最も適当な応答となるように文を作るには，それぞれ (A) と (B) をどのように選んで組み合わせればよいか，下の①～⑧のうちから一つずつ選べ。

問3

Worker: I can't do all of these jobs at the same time. Which do you think I should do first?

Co-worker: Well, the monthly report is very important and 24

(A) you have to realize	(A) to turn it in	(A) by five o'clock.
(B) you have to remember	(B) turning it in	(B) till five o'clock.

① (A) → (A) → (A)　② (A) → (A) → (B)　③ (A) → (B) → (A)

④ (A) → (B) → (B)　⑤ (B) → (A) → (A)　⑥ (B) → (A) → (B)

⑦ (B) → (B) → (A)　⑧ (B) → (B) → (B)

▶正解　⑤

（2017年度センター試験問題）

ある程度まとまった内容の英文の読解力をはかりたいのであれば，対話文形式で，意見の要約を求めるのも一つの方法です。

C 問い

次の会話は，「市の発展」をテーマとして，ある町で行われた住民による話し合いでのやり取りの一部である。(　　) に入れるのに最も適当なものを，それぞれ下の①～④のうちから一つずつ選べ。

(過去のセンター試験問題を参考に筆者作成)

Alice: The mayor wants me to run this meeting. We'll talk about how to make our town better. Tom, can you start?

Tom　Sure. If we build a new factory here, more people will come to our town. More people means more customers for our local shops and restaurants. Also, people who work in the next town could find jobs here. This would stop a long drive to work and give families more time together.

Alice: So Tom, are you suggesting that (　)?

① A new factory will result in the closure of local shops and restaurants due to increased competition.

② Building a new factory will increase the commute time for residents and lead to less family time.

③ If we build a new factory, it will bring more people and jobs to our town, help our local businesses, and give families more time together.

④ If we build a new factory, it will cause many people to leave our town, leading to fewer customers for local businesses.

▶正解　③

教科書本文を出来るだけ単語や文法項目をそのまま用い，対話形式に書き換えて出題することもできます。先に紹介した Doctor のパッセージで作成してみます。

Interviewer: "Are you a doctor in Japan?"

Doctor: "Yes, I am. But in the summer, for four weeks, I work with a non-government group."

Interviewer: "Oh, really? Where do you go?"

Doctor: "We go to places with big health problems. I've visited many countries because of this."

Interviewer: "And who are the other people you work with?"

Doctor: "We are from different countries and speak different languages. We use English to talk to each other and local doctors."

Interviewer: "Do you teach each other?"

Doctor: "Yes, we do. We teach local doctors about medical treatments, and they teach us about the patients' needs."

教科書本文ではなく，この対話文を使用して，空欄穴埋めや，書き換え，要約等の問題を出題することが考えられます。

　パッセージの空欄に英文を選んで入れさせる．あるいは実際に英文を書かせる形式も考えられます。

◎ 英文を補充させる問題

問題例

次の英文の空欄に入るのに最も適当な英文を選びなさい。

The NGO's team members (　　　　　), and we speak different languages. We use English to communicate within the team and with local doctors.

① are all doctors

② are good friends

③ are from different countries

④ are from the same country

正解　③

学習指導要領においては，4技能の統合的指導が求められていますが，考査においてもこれを意識して，リィーディングを基に，自分の意見や考えを英語で書かせるなどの出題も考えられるでしょう。

問題例

　下線部1に関して，あなた自身の passion を My passion is to に続けて合計10語以上の単語を用いて英語で書きなさい。

... （前半省略）I talked with patients there. I worked with staff from the area and other countries. Communication was often very difficult. With good will and hard work, we managed by using English. English helps me to save lives. I have got back my 1. passion. Now I am 'a doctor without borders' and use 'a language without borders'.

　このような問題の場合，文法やスペルのミスの扱いについて等，採点基準を明確にしておく必要があり，それでも採点の信頼性において難しい面があります。しかしながら，英語を使用するという正の波及効果があり，授業においてこのような活動をしているのであれば，内容妥当性も高いといえます。コミュニケーション能力の育成という観点からも，このような4技能の統合的問題の必要性が高まると考えられます。

　英文和訳に代わる読解問題として，内容についての英問英答があります。質問の種類としては，本文に明確に書かれている情報を読み取り解答する "Right there" 型，直接本文には書かれていませんが，いくつかの情報を統合したり，行間を読み答えを導き出す "Think and search" 型，そして，英文に関することを生徒自身に考えさせ，意見や考えを述べさせる "In your head" 型の質問が考えられます。単純なものとしては正しければ T，違っていればF を入れさせる正誤問題もあります。ではこれらについて簡単に紹介していきます。

New Year's Resolutions

　Many people make a New Year's resolution on the first day of the year—a promise that you are going to make a positive change in your life. For example, a lot of people say that they're going to lose weight or stop smoking. Others promise that they will exercise more or eat healthier food. Most people who make unrealistic resolution will fail. On the other hand, having "doable" goals and setting many smaller measurable goals will often lead to success. So instead of saying, "I'm going to lose weight, " say I'm going to lose 500 grams a month for one year."

ENGLISH FIRST　金星堂

問題例

Write "T" if the statement is true and "F" if the statement is false.
(1) A New Year's resolution is a promise you make on the first day of the year. (　　)
(2) The word "doable" in the fifth line means "unrealistic." (　　)

▶正解　(1) T　(2) F

　この True or False 問題はいい加減に選んでも 50% の正解確率があるので，テスト問題としては信頼性が低いという深刻な問題があり，出来れば避けた方がいいでしょう。しかしながら，目的に応じて，例えば，最初に解きやすい簡単な問題を置きたいとか，能力の低い生徒にも点数を取らせたいなど特殊な意図がある場合は，限定・選択的に用いることは有りうるかと思います。

"Right there" 型（facts finding 型）

問題例

Who are likely to break a resolution?

▶正解　People who make unrealistic resolutions are.

　本文に Most people who make unrealistic resolution will fail. とあり，この情報をそのまま，あるいは，質問形式に合わせて構文を整えて解答すると正解になります。問題作成も解答も割と容易であるといえます。

"Think and search" 型（inference 型）

　問題例

Revise the following resolution to be more realistic.

"I'm going to be kind to other people."

　これは正解が本文に書かれているわけではありませんが，On the other hand, having "doable" goals and setting many smaller measurable goals will often lead to success. とあることから，"I will do something nice for other people at least once a day." "I'm going to give up seats to elderly people on the train." "I will try to talk gently to my friends." などの答えが考えられます。より doable か，あるいは measurable goal が含まれていれば正解として良いでしょう。この手の問題は作成が必ずしも容易でありませんし，また作成者の思いこみで，実際には生徒が解答することが非常に難しい問題になってしまうことがあるので，作成後，可能であれば，同僚の先生に確認すると良いでしょう。

"In your head" 型（personal opinion 型）

　問題例

Write your resolution for this year freely in more than 3 sentences.

　考査にこのような自己表現を入れることは，コミュニケーション能力育成という観点から，非常に重要であると言えます。評価・採点の規準を明確にしておく必要があります。

　総合問題の代案としては，すでに 4. 総合問題でも述べていますが，各設問のテスティング・ポイントがばらばらな「ごった煮」はやめて，読解問題，文法問題，語彙問題などはそれぞれに別のセクションにし，テスティング・ポイントを明確することが理想です。例えば第 1 問が語彙問題，第 2 問が文法，第 3 問が読解だとすると，各大問内の合計点数が，それぞれの能力を示していることになります。しかしながら，実際には，まとまった英文を用いて，一つの大問内で，複数の能力を測ることは有りだと思います。ただその場合も問 1 から 3 までは語彙問題，4 から 8 は読解問題のようにしていくと，生徒の弱点（強味）も分析できます。

問題例

次の英文に関する各問いに答えなさい。

Many people make a New Year's ① resolution on the first day of the year—a ② promise that you are going to make a ③ positive change in your life. For example, ④ a lot of people say that they're going to lose weight or stop smoking. ⑤ Others promise that they will exercise more or eat healthier food. Most people who make unrealistic resolution will fail. On the other hand, having "doable" goals and setting many smaller measurable goals will often lead to success. So instead of saying, (⑥)

(1) 下線部①の同意語を選びなさい（選択肢省略）

(2) 下線部②を説明している英文を選びなさい（選択肢省略）

(3) 下線部③の反意語を選びなさい（選択肢省略）

(4) ④の英文とほぼ同意の英文は次のどれか（選択肢省略）

(5) ⑤の英文とほぼ同意の英文は次のどれか（選択肢省略）

(6) 空欄⑥に入るのに最も適当な英文は次のどれか（選択肢省略）

この形式だと，(1) 〜 (3) までは主に語彙力，(4) 〜 (6) は主に読解力を測っているので，点数の解釈・分析も可能です。また前節で述べられた「ミニクサ」という問題も解消されています。なお，先に紹介した，英文和訳に代わる問題案もすべて，総合問題のテスティング・ポイントの不明瞭さ，「ミニクサ」問題を解決しています。

タスク 16

1. 自分の言葉で「コミュニケーション能力」を定義してみよう。ペアやグループでその定義を比較してみよう。

2. 「英文和訳問題」の廃止に賛成か，反対か。グループで話し合ってみよう。

3. 「総合問題」の廃止に賛成か，反対か。グループで話し合ってみよう。

「なぜ英語勉強するの？」に対して。内発的動機付けを高める授業の実践を

　「先生，なぜ英語を勉強しなければいけないの？」「英語って必要ですか？」生徒からこのような質問を受けたことはありませんか？古くて，新しい，そして難しい問いだと思います。「グローバル化が急激に進んでいく中で，英語でコミュニケーションする必要がますます高まるから」「英語ができると将来の選択の幅が広がるから」「英語を学ぶことにより，視野が広がり，より多角的なものの見方ができるようになるから」，あるいは，「とりあえず，受験で必要だから」など様々な答えがあるかと思います。一つの答えにすべての生徒が納得してくれることはなさそうですし，どれが正しくて，どのような答えが最も説得力があるかは，筆者自身も自信をもって答えられません。

　ただ一つ言えるのは，そのような問いをしてくる生徒のほとんどは，英語の学習環境や，授業そのものに満足していないか，不満に感じている可能性が高いということです。日頃の授業や英語学習が，知的好奇心を刺激し，学ぶこと自体が楽しくて，たとえ大変でも満足感・充実感が得られているのであれば，「なぜ英語やるの？」という問いは聞こえてこないのではないでしょうか。英語を学ぶ目的を説明し，生徒に納得してもらうことも確かに大切ですが，授業の質をあげることにより，充実したやりがいのある学びを経験させることが，まず必要かと思います。全ての生徒は，何かに真剣に取り組み，少しずつでも自己が向上していくことを大きな喜びと感じ，充実感を持ち，やりがいを感じて頑張るはずです。生徒にとって，日々の英語の授業，英語の学習が自分の進歩を感じられる場であるべきです。そのような授業を実践していくため，我々教師は絶えず研鑽していかなければいけないと考えています。

第9章

語彙テストの作成

　英語語彙テストの第一の目的は，生徒がいかに英語の語彙を知っているか
を測定することです。語彙知識は多岐に渡るため，この「知っている」に
は様々な側面があります。聞く活動を行っている場合は，音声を聞いて意
味が分かる必要があり，読む活動をしている場合は，綴りを見て意味が分
かる必要があります。このように見たり聞いたりして分かる語彙を受容語
彙 (receptive vocabulary) と言います。これに対して話す活動をしている場
合は，言いたい概念に対応する語彙を頭の中から取り出し，音声として出す
必要があり，書く活動をしている場合は，書きたい概念に対応する語彙を取
り出して，綴りを書く必要があります。こうして自分が発表するために使え
る語彙を発表語彙 (productive vocabulary) と言います。習った語彙を発表
に使えるようにするためには，意味が分かるだけではだめで，コロケーショ
ンやその語の取る統語パターン，使用時の制約などさらに深い知識が必要で
す。中学・高校の現場では，英単語を見せてその意味を日本語で書かせる問
題（受容知識を問う問題）や，逆に日本語から英単語を書かせる問題（発表
知識を問う問題）が多く用いられています。こうした問題は，形式（音声・
綴り）と意味のつながりが形成されているかどうかを測定していることにな
ります。形式と意味をつなげることが語彙習得の第一歩ですので，こうした
出題をするのは日本の中学生・高校生にとっては意味のあることと言えるで

しょう。語彙テストを行う場合は，どういった語彙のどういう側面をテストしようとしているのか，教師側がその目的を理解していることが大切です。

　日常生活での英語による大量のインプットが期待できない日本のようなEFL 環境では，インプットを理解することで自然に語彙知識を獲得していく付随的学習 (incidental learning) に多くを期待することはできません。単語帳や単語リストによる意図的学習 (intentional learning) で補っていく必要があります（佐藤，笠原，2022）。コミュニカティブ・アプローチの台頭以来，単語は文脈の中で教えるべきだという考えが広まり，単語リストや単語帳などの脱文脈による語彙学習は多くの批判を浴びてきました。文脈がなければその語彙をどのように使っていいのか理解することはできないというのがその理由です。しかしどのように使うかを理解する（発表知識を獲得する）以前に，まずどのような意味なのかを理解する（受容知識を獲得する）ことのほうが順序としては先になります。過去の研究からは，形式と意味を結び付けるためには，こうした脱文脈学習のほうが，文脈を付けて学習するよりもずっと効率が良いことがわかっています。もちろん文脈を付けて学ぶことは自然な学習方法ですが，EFL 環境においては意味と形式を結び付けるためのこうした脱文脈学習を否定すべきではないと筆者は考えています。

　語彙知識は何回も同じ語彙に出合うことで，少しずつ累積的に増えていくものです (Nation, 2013, 2022; Schmitt, 2010)。まずは受容的に意味が分かってから，次第に自分でも使えるようになっていくのです。そうやって累積的に語彙知識を増やしていかなければ，教室における言語活動もスムーズには進みません。語彙テストには，受験者がどのくらいの語彙知識を持っているか，という診断的側面もありますが，繰り返し行うことで，意図的学習を効果的に支援していくという教育的側面もあります。こうした意図的学習を支援するツールとして，語彙テストの実施を考えていく必要があると思います。語彙知識の獲得には，同じ語を繰り返し学習する必要があります。そのためには，定期テストでたまに実施するだけでなく，小テストと組み合わせて繰り返し実施するほうが効果的です。この章では，中校・高校ではそれぞれどのような語彙を，どのようなやり方でテストしていけば良いか，またテストにおいて注意すべき点について考えていきたいと思います。

❶ 中学・高校で求められる英語の語彙力とは

　現在，学習指導要領ではどのような単語を教えるべきかという指定はしておらず，教えるべきおおよその語数だけが示されています。2017 年 3 月に公示された学習指導要領では，小学校における外国語活動の前倒し実施及び外国語の教科化などに伴い，教えるべき語数が大幅に増加しました。まず小学校 5，6 年生で，それまでの外国語活動で使用した語も含み，600 語から 700 語程度の語を導入しています。これに加えて中学校では 1,600 語から 1,800 語を指導しています。高校ではさらに 1,800 語から 2,500 語の指導をしています。つまり小中学・高校を通して 4,000 語から 5,000 語を教えているのです。この大幅な語数増加には，以前の指導要領で示されていた 3,000 語では使える英語の基盤として不十分であるとの判断が見て取れます。いずれにせよ語彙指導に関しては，中学・高校で大幅に指導の負担が増えました。

　この語数に関しては，語の数え方によって大きく変化するので注意が必要です（何を 1 語と判断するかも実は難しい問題 [I'm は 1 語とするか 2 語とするかなど] なのですが [望月，相澤，投野，2003；Read, 2000]），これはこの本が扱う範囲外のことになりますので割愛します）。テキストに現れる語すべてを数えた場合の総数を総語数 (token) と言います。重複している語を 1 語として数えるが，語形が違えば別の 1 語として数えるやり方を異語数 (type) と言います。辞書などのように，屈折形は同じ語として数えるのがレマ (lemma) 方式です。この場合，decide, decides, deciding, decided は decide という見出し語の下にまとめて 1 語と数えます。これに別品詞の派生語もまとめて 1 語として数えるのが語族 (word family) 方式です。decide でいうと上記の屈折形に加えて decision, decisive も含めて 1 語と数えます。どういった語を含むかにもよりますが，レマ方式で語数を数えると，語族方式による数え方の 1.6 倍から 2 倍の語数になると言われています（Laufer, 1992; 西澤，2003）。学習指導要領で示されている語数が，上記のいずれの数え方に基づいているのかは明記されていません。日本人学習者がそれほど派生語の知識を持っているとは言えない現状を考えると，語族方式ではなく，レマ方式に近い数え方を採用していると推察されます。もしそうだとすると，たとえ 5,000 語を教えたとしても，語族方式で数えると 2,500 語から

3,000 語程度しか教えていない，ということになります。

　ではレマ方式で 5,000 語，語族方式で言うと 3,000 語程度身につけると，どの程度英語がわかるようになるのでしょうか。Nation (2001) では，高頻度の 2,000 語族に Academic Word List (Coxhead, 2000) の 570 語族を加えた 2,750 語族で日常会話の 9 割以上，書き言葉の 8 割以上をカバーできるとしています。かなり高いカバー率のように思えますが，実際の英語を聞いたり読んだりして理解するにはまだまだ不十分と言わざるを得ません。辞書の助けなどなしに，未知語があってもその意味を文脈から類推するためには，そのテキストの 95％の単語を知っていなければなりません (Nation, 2001; 2013)。この 95％という数字は何とか類推ができる，という最低ラインであり，もっと楽に未知語の意味を類推するにはテキストの 98％を知らなければいけません (Hu & Nation, 2000)。下図は Nation (2013) が英語の小説や英語の新聞上の単語を 95% 及び 98％理解するためにはどのくらいの語族が必要かを示した表です。

英語テキスト	95% カバーするために 必要な語族	98%カバーするために 必要な語族
小説	4,000 語族	9,000 語族
新聞	4,000 語族	8,000 語族
子供向け映画	4,000 語族	6,000 語族
話し言葉	3,000 語族	7,000 語族

（Nation, 2013, p. 16 を一部改変）

　ここから言えることは，小学・中学・高校で習った語彙を身につければ，日常会話はなんとか理解できるが，小説や新聞を楽に読むためにはさらに必要な語彙を学習し続ける必要がある，ということです。平均的な大人の英語ネイティブであればおよそ 20,000 語族を知っていると言われます。英語学習者がそこまで到達するのは至難の業ですが，話し言葉だけでなく書き言葉も類推を含めて理解するためには，10,000 語族近くの語彙が必要であることになります。もちろん小学・中学・高校の限られた英語授業の時間内だけで 10,000 語族を身につけさせるのはほぼ不可能です。従って 3,000 語族 (5,000

レマ）という設定がなされているわけですが，これとて容易ではない数字であることは，英語教師であれば誰もが理解するところでしょう。筆者の感覚では，小中で学習する高頻度 2,000 レマ程度をできれば発表語彙に，残り 2,000 から 3,000 レマをまず受容語彙にしてあげることが現実的な目標になるのではないかと思っています。

　語数に関してはここまでにして，学校ではどのような語彙を教えるべきでしょうか。それは語彙習得研究の大家ネイション (Nation, 2008; 2022) をはじめ，多くの研究者が指摘する通り，話し言葉，書き言葉に関わらず複数のテキストに繰り返し現れる高頻度語 (high-frequency words) に限ります。上記でも見たように，様々な場面でよく使用される少数の語が，あらゆるテキストの大部分を占めるのです。英語には 100 万を超える単語が存在しますが，そのほとんどは学習者が出会うことがないか，あったとしても一生に一度しか会わない低頻度語 (low-frequency words) です。教室で時間を取って教えるべき単語，または語彙テストで取り上げるべき単語は，そうした低頻度語ではなく，幅広い場面で汎用的に使用できる高頻度語に限るべきです。

　中学・高校の教科書に出てくる語のほとんどが，そうした高頻度語ですので，基本的に語彙テストは教科書に出てきた単語を対象にすべきでしょう。しかし，現在日本の出版社から出されている教科書のテキストは，文法シラバスに基づき，トピックを重視した作りになっています。そのため，必ずしも単語の出現頻度を最重要視した作りにはなっていません。各教科書で採用している語彙にはかなりばらつきがあるのが現状です（相澤, 2010）。ですから語彙テストを作成する場合は，テストをするに値する語か，すなわち高頻度語かどうかを教師が判断する必要があります。テキストによっては固有名詞が多く含まれていたり，トピック関連の低頻度語が含まれていたりする場合があります。語彙テストではこうした低頻度語は避けて，あくまでも生徒の今後の英語学習に役立つ高頻度語のみをテストすべきです。特にテキストの語数が増える高校ではこの判断は大切です。判断に迷う場合は，頻度情報のある辞書や，信頼できる頻度順の語彙リストもしくはコーパスを参照すると良いでしょう。現在大抵の英和辞書には何らかの頻度情報がついています。学習者用英英辞典の *Longman dictionary of Contemporary English* (LDOCE) には，話し言葉と書き言葉の両方の頻度情報が載せられています。日本人学習者向けの頻度順語彙リストとしては『大学英語教育学会基本語リスト　新

JACET8000』(大学英語教育学会基本語改定特別委員会, 2016) があります。
また古くから信頼されている *A General Service List of English Words* (West,
1953) やその改訂版である *The New General Service List* (Browne, 2013) も参
考になるでしょう。大規模コーパスとして信頼できる頻度情報を与えてくれ
るものには, *British National Corpus* (BNC) や *Corpus of Contemporary Amer-
ican English* (COCA) があります。また, 頻度情報を教えてくれるウェブサ
イトとして VocabProfiler (https://www.lectutor.ca/vp/comp) や, New Word
Level Checker (https://nwlc.pythonanywhere.com) があります。

　以上をまとめますと, これからは小学・中学・高校を通して, レマ方式で
高頻度の 5,000 語を, まずは受容語彙として身につけさせることが最初の目
標になります。まずは綴りや音声から意味が想起できるかどうかを測定する
テストをすると良いでしょう。さらに, 頻度上位の 2,000 語に関しては, 発
表語彙にしてあげる必要があります。コロケーションや例文など文脈を与え
た中で, 目標語彙が本当に使用できるかどうかを測定するテストをする必要
があります。具体的なテスト例については後述します。

❷ 中学・高校における語彙テスト作成にあたっての留意点

　語彙テストには生徒の語彙知識を測定・診断するという側面と, 小テスト
と定期テストを組み合わせて効果的に実施することにより, 生徒の語彙力を
伸ばすという側面があります。また, 語彙知識には様々な側面がありますの
で, テストを作成する場合には伸ばしてあげたい語彙知識を測定するような
語彙テストを作成することが大切です。ここでは, 小テストと定期テストを
含めて, 語彙テストを作成する際の全般的な留意点について取り上げます。

2.1　基本的に教科書に出ている高頻度語をテストする

　上述したように, 中学・高校で語彙テストに取り上げるべき単語は高頻度
語に限ります。教科書で学習した高頻度語をテストすることが, テストの妥
当性を高め, 良い波及効果をもたらします。高校では生徒全員に単語帳を買
わせ, 範囲を決めて定期的に単語テストを行っているところもあります。し
かし多くの場合は意欲のある一部の生徒を除いて, 効果を挙げているとは言
い難いのが実情ではないでしょうか。筆者も高校生の頃, そうした単語帳を

持たされて毎週単語テストを受けたのですが，さっぱり語彙力は上がらず，すっかりあきらめてしまった経験があります。テストの直前になって単語帳をざっと眺め，テストが終わるとすべて忘れる，といったサイクルの繰り返しでしたから，当然と言えば当然でしょう。全く知らない単語を自力で学習し，一度テストを受けたくらいではなかなか定着はしません。しかし教室で学習し，形式と意味のつながりを学んだ語であれば，自力で学習することはより容易になります。また後述しますが，定着のためには繰り返しテストすることが欠かせません。まずは教室で導入した語の定着を語彙テストで促進するようにしてはどうでしょうか。定着しているという実感を生徒に持たせることができれば，テストに取り組む意欲も上がるはずです。

2.2　語彙知識のどの側面を測定するのかを明確にする

　語彙学習の第一歩は，形式（音声・綴り）と意味を結び付けること，すなわち受容的知識を獲得することです。形式から意味を取り出せるかどうかを測定したいのなら，英単語を提示してその意味を日本語で書かせる，または教師が英単語を読み上げて，その意味を日本語で書かせる，といったテストが考えられます。また，自分で単語が使えるかどうかという発表知識を測定したいのであれば，日本語を提示して対応する英単語を書かせる，日本語に対応するコロケーションを書かせる，英単語を提示して例文を作らせる，といったテスト形式が考えられます。テストの対象となる単語を，発表語彙にしたいのか，とりあえず受容語彙でいいと考えるか判断したうえで，その状況に対応したテスト形式を選択しましょう。語彙知識のどの側面をテストしているのか，すなわちどの側面を伸ばしたいのか，教師が理解した上で出題することが重要です。

2.3　繰り返しテストする

　語彙の習得には繰り返し学習することが欠かせません。読み物などで新しい語に出会い，この単語は前にも見たことがあると認識するためには最低でも 6 回程度その単語に出会う必要があるそうです（望月，相澤，投野，2003）。博覧強記の南方熊楠のように，一度見たら 2 度と忘れないというような優れた記憶力を持った人も世の中には存在します。しかし，筆者も含めて多くの人の脳は，重要であると認識しない限り，情報を長期記憶にとどめ

ておくことはほとんどありません。ましてや普段使わない外国語の単語であればなおさらです。ですから同じ単語を繰り返しテストすることで，その単語の重要性を脳に認識させることが重要なのです。1回のテストではほぼ定着は望めないでしょう。岡田 (2007) では，単語テストを3度繰り返すことを推奨しています。1回目に10個の英単語の意味を日本語で書かせるテストを行います。2回目はその10語に新しい10語を加えて20語をテストします。3回目は1回目，2回目に加えてさらに10語を含めた30語をテストします。4回目は2回目と3回目の語に新たな10語をテストします。以下，このように毎回30語，少なくとも同じ単語を3回テストするサイクルを続けていきます。単語を1回だけテストするやり方に比べ，この3回繰り返すやり方は，定着率でおよそ4倍の効果があったそうです。語彙学習においては，忘れるのは当たり前，だからどんどん繰り返して少しずつ定着を図ることを基本方針にすべきです。

2.4 間隔をあける

　生徒はテストの前日に行う詰め込み学習，いわゆる『一夜漬け』が大好きです。短期で集中して学習するほうが，長期にわたってコツコツと学習するよりも効率が良いと思っている生徒がたくさんいます。しかし，心理学の記憶に関する多くの実験が，一度の学習機会で何度も繰り返して覚えようとする集中学習 (massed learning) よりも，学習機会を複数回にして，間隔をあけて学習する分散学習 (spaced learning) のほうが，ずっと効率よく定着が図れることを示しています。Kornell (2009) では，大学生を対象に，集中学習及び分散学習の2条件で，それぞれ20語，計40語をを4日間学習させました。詰め込み学習条件では，20語を5語ずつの4グループに分けました。そして1日につき5語を8回繰り返して学習させました。毎日異なる5語を，8回の学習セッションで集中して学んだことになります。分散学習条件では，毎日同じ20語を，1日につき2回，4日で計8回繰り返して学習させました。毎日同じ20語を2回ずつ，間隔をあけて合計8回学んだことになります（下図参照）。5日目に，40語すべての意味を問うテストをしたところ，分散学習条件が集中学習条件を有意に上回りました。

Session 1					Session 2					Session 3					Session 4					Session 5
1	2	3	4	5	1	2	3	4	5	1	2	3	4	5	1	2	3	4	5	Test all
6	7	8	9	10	6	7	8	9	10	6	7	8	9	10	6	7	8	9	10	40
11	12	13	14	15	11	12	13	14	15	11	12	13	14	15	11	12	13	14	15	pairs
16	17	18	19	20	16	17	18	19	20	16	17	18	19	20	16	17	18	19	20	
Spaced (×2)					Spaced (×2)					Spaced (×2)					Spaced (×2)					
21	22	23	24	25	26	27	28	29	30	31	32	33	34	35	36	37	38	39	40	
Massed (×8)					Massed (×8)					Massed (×8)					Massed (×8)					

Kornell (2009) の実験手順

　単語テストを繰り返して行う場合も，同日に集中して行うよりも，日を改めて，間隔をあけて行うほうが効果的です。このように間隔をあけて学習させることを spaced rehearsal と言います。エビングハウスが忘却曲線を発表して以来，なるべく最初は間隔を短くし，次第に長くするのが良いとされていました。しかし筆者らの実験（Kanayama & Kasahara, 2016, 2017）では，最低でも繰り返しの回数を 3, 4 回確保すれば，間隔の開け方はあまり影響しないようだという結果を得ています。大切なのは，一度にたくさん繰り返すよりも間隔をあけて繰り返す，繰り返しの回数を確保する，ということのようです。

❸ 語彙テストの形式例

　コミュニケーションを重視し，単語を発表語彙にするためには，文脈をつけて出題するほうが効果的です。しかし，上記でも述べたように，まず受容語彙を増やすためには文脈から目標語彙を取り出して，脱文脈の形でテストすることも，日本の中学生・高校生には必要です。ここでは，脱文脈型のテストと，文脈型のテストのそれぞれを取り上げます。テストの目的と学習者の習熟度に応じて，テスト形式を選択してください。

　小テストで実施する場合は，学習の促進を最優先にし，実用性を重視します。テストを印刷しなくても，白紙を配るだけでできるものもあります（筆者は印刷ミスした A4 の紙を半分に切り，印刷されていない面を小テスト用

紙としてよく使っています）。採点はペアで用案を交換させ，生徒同士で行わせると良いでしょう。単語小テストのやり方については靜 (2002) も参考にしてください。

3.1 脱文脈型のテスト例
◎ 日本語から英語の綴りを書かせる（意味→綴り）

　生徒に白紙を配布し，問題数の分だけ番号を書かせます。教師が口頭で，「No.1, 病院，No.2, 朝食…」のように日本語を与え，対応する番号の隣にその英単語の綴りを書かせます。もしくは，下のように用紙に印刷して行います。

　　　(1) 病院（　　　　） 　　(2) 朝食（　　　　）

　この逆方向の，綴りを見せて日本語の意味を書かせる形式が最もよく普及した形式かもしれません。靜 (2002) は，日本語を産出させるテストは，最終目標が日本語になっている点で英語学習には益がないと批判しています。また若林・根岸 (1993) でも同様の指摘に加え，多義語の場合文脈がなければ品詞や意味が特定できない，といった欠点を指摘しています。筆者は，意味を確認するための日本語使用を否定はしません。初学者には負担の少ない有効な方法であると思っています。ペアなどで意味を確認するために，一人が英単語を言ったら，もう一人が対応する日本語を言う，などの練習は行って構わないと思います。しかし，「書かせる」タイプのテストでは目標言語 →母語の方向よりも，母語→目標言語のほうが望ましい方向であると考えます。日本語を書かせるよりも英語を書かせたほうが，綴りを覚えるという点で本人の利益になるからです。ただし出題は発表語彙にしたい高頻度語に限定しましょう。また，名詞・動詞・形容詞・副詞と言った内容語に限って出題したほうが良いと思います。前置詞や接続詞といった機能語は，文脈の中で出題すべきでしょう。

◎ 教師が単語を発音し，綴りを書かせる（音声→綴り）

　生徒に白紙を配布し，問題数の分だけ番号を書かせます。教師が No.1, society, No. 2, period…のように単語を読み上げて，その綴りを対応する番号の隣に書かせます。まだ音声と綴りの結びつきがしっかり確立されていな

い学習者に有効です。ただし意味が介在しないという弱点もあります。それ
を補うには，先に日本語の意味を言ってから，英単語を読み上げてもいいで
しょう。

　逆方向の綴りを見て発音できるかどうかを測定するために靜 (2002) では，
綴りからカタカナとアクセント記号で発音を書かせる（例えば label という
綴りを見て，レイボー，と書く）形式を提案しています。もちろん，「下線
部の発音が違うものを 1 つ選べ」や「アクセントがある位置が違う語を 1 つ
選べ」に比べると妥当性は高くなると思います。しかし筆者は，カタカナ指
導は補助輪のようなものであり，最終的にはここから離れるべきだと考えて
いるので，こうした形式は初級学習者に一時的指導として行うにとどめてお
いたほうが良いと思います。発音できるかどうかは対面の音読テストやスピ
ーキングテストで確認するほうが良いのではないでしょうか。

3.2　文脈型のテスト例

◎ 定義から綴りを書かせる（定義→綴り）

　教師が前回の授業で習った単語をいくつか黒板に板書します（もしくはテ
スト用紙に印刷しておきます）。そしてそれぞれの語の定義を読み上げ，対
応する単語の綴りを書かせます。もし生徒が十分に学習しているのであれ
ば，板書などの選択肢を与えずに行うことも可能です。

　（例）定義：It is a place where a doctor takes care of sick people.

▶正解　　hospital

　靜 (2002) では定義文の中の目標語を言うかわりに「ポン」（または手でパ
ンと一泊はたく，など）と言いその「ポン」とのところ来る語を書かせる
「口ポンテスト」を紹介しています。

　（例）定義：A（ポン）is a person who flies an airplane.

▶正解　　pilot

◎ 例文の中に適切な単語を入れさせる

　上記のように語群を与えるか，もしくはフラッシュカードなどで既習の単

語を復習したのちに，それぞれの目標語を含む例文が載ったシートを与え，そこにあてはまる単語を書かせます。上記の口ポンテストにより，口頭で実施することもできます。

(例) 下の各文の空所にあてはまる語を語群から選んで書き入れなさい。

（語群：allow, fair, profit, weekly）

1. *Time* is a (　　) magazine. You can enjoy stories that are published every seven days.
2. My parents won't (　　) me to go to the Radwimps concert. It begins at 9:00 p.m. and they say it's too late!
3. Democracy puts priority on being (　　). This does not mean that everybody is the same, but means that everybody should be given equal chances.
4. The goal of any company is turning a (　　), in other words, making money!

　　　　　　　　　　　　▶正解　1. weekly　2. allow　3. fair　4. profit

◎ 文章の空所に適切な単語を入れさせる (gap-filling)
　まとまった文章中に複数の空所を設け，空所に入る語を入れさせます。選択肢を与えるかどうかは，状況に応じて決めてください。何度も音読した教科書の文章であれば選択肢をつける必要はないかもしれません。また既習の語であっても生徒にとって初見の文章であれば，語群を示してあげたほうがいいかもしれません。

(例) 下の文章の空欄にあてはまる語を語群から選んで書き入れなさい。

（語群：expense, powerful, proud, realize, selfish）

　　Although I am (　　) that I was born in the most (　　) country in the world, I used to think that Americans were the most (　　) and wasteful people on the earth. After living here in Germany for seven years, however, I have come to (　　) that not only the U.S. but also other rich countries make money at the (　　) of poorer ones.

▶正解　順に proud, powerful, selfish, realize, expense

◎ 目標語を含んだ例文・文章を作らせる

１つの目標語に対して１つの例文を作らせたり，複数の目標語から文章を作らせたりします。発表語彙として身についているかどうかを見るためのテストです。

（例1）　下の単語を使って，１つの英文を作りなさい。
　　　　remain（解答例：She remains young. など）

（例2）　先週の日曜日にしたことを，３文以上の英文で書きなさい。ただし必ず下の３語を使うこと。
　　　　(morning, afternoon, evening)

タスク 17

1. 上記の例以外にどんな語彙問題が考えられるか。ペアもしくはグループで話し合ってみよう。

2. 下の単語はある高校の英語教科書の１ページに載っていた新出単語である。高校生にとって意味がわかるだけでよい単語（受容語彙）と自分で使えるようにしたい単語（発表語彙）とに分類してみよう。
amber, bacteria, claim, comet, conclude, fossil, knock, tiny

第 10 章

文法テストの作成

　英語文法テストの目的は，生徒が学習した文法事項をどの程度理解しているか，そしてその項目を適切な場面で使用できるかどうかを測定することです。文法訳読式の英語授業が主流であった時代，文法指導は長らくその中心的位置を占め，テストにおいても文法に関する問題が必ず出題されてきました。1970 年代から 80 年代にかけてコミュニカティブ・アプローチが台頭してくると，それまでの統語的ルールを重視した明示的な文法指導の有効性に疑問を持つ研究者，教師が表れてきました。特にクラッシェン (Krashen, 1985) が，明示的文法指導は第二言語習得に貢献しないと主張すると，英語のテストに文法問題を含めることの是非が問われることとなりました。

　しかしその後，文法事項の習得には学習者の気づきが必要であること (Schmitt, 1990) や，暗示的なインプットだけでは正確な文法体系を身に着けるには不十分で，アウトプットが欠かせないこと (Swain, 1985, 1995) などの反論がありました。タスク中心の指導においても，コミュニカティブなタスクを与えるだけでなく，形式に注意を向けさせるフォーカス・オン・フォーム (Focus on Form) で補うことの重要性が強調されています。今では暗示的な指導でも明示的な指導でも，やり方によって効果が挙げられることを，多くの研究が示しています。こうした流れの中で，現在は文法をテストすることの意義が再評価されていると言えるでしょう。

現実には，文法指導に対する考えが変遷する中でも，日本の中学校と高校における英語授業から文法指導がなくなることはありませんでした。学習指導要領には教えるべき文法事項が規定されており，それに基づいた文法シラバスから構成された検定教科書が使用されています。授業で取り扱っている以上，文法事項をテストに含めて評価することは必要だと言えるでしょう。しかし長年にわたりこうした文法問題の多くが，受験者の明示的知識の有無のみを対象とし，コミュニケーションという観点から出題されていなかったことが大きな問題だったのです。

　文法訳読式が主流だった時代には，英語教師は統語的ルール，文法用語，用法の区別などの明示的知識を与えることに多くの時間を費やしていました。テストにおいてもそうした別個の明示的ルールを問う問題が多く見られました。例えば，不定詞を含む文をいくつか与え，名詞的用法なのか，形容詞的用法なのか，副詞的用法なのかを答えさせるといった問題などです。こうした問題に見られる欠点は，使用場面が示されていないために，正解したとしても実際のコミュニケーションで使えることに直結しないということです。英語授業の目的がコミュニケーション能力の育成である以上，文法問題もそれに解答することでコミュニケーション能力を伸長させるような問題でなければいけません。文法の知識はコミュニケーション能力を支える下位技能の一つであり，コミュニケーションの観点から文法事項をテストすることが重要です。この章では，中学生・高校生に求められている文法能力とは何か，コミュニケーション能力を伸ばすことにつながる文法問題とはどのようなものかを考えていきたいと思います。

1 中学・高校で求められる英語の文法能力とは

　「文法能力」とは，文法というルールを理解し，それを活用できる能力のことと言えるでしょう。では「文法」を知っているとは，どのような知識を持っていることを意味するのでしょう。まずは文における正しい語順が分かる，語形変化の意味するところが分かる，といった文を正しく理解するための統語的な知識が思い浮かぶでしょうか。Purpura (2004) によれば，こうした文法イコール統語的知識，といった統語中心的な考え方が，伝統文法・構造言語学・変形生成文法と流れを変えながら続いた時代がありました。意味

や音韻に関する知識も含め，文法とは発話された文，もしくは書かれた文を正しく理解するための知識であるとする考えが長く続きました。

　しかし第8章でも述べた通り，実際のコミュニケーションを円滑に進めるためには，文字通り正しく理解できるだけでは十分ではありません。同じ "I'm sorry." でも，言い方や状況によって「ごめんなさい」「お気の毒に」「今なんて言いましたか」など様々に意味が異なってくることを理解する必要があります。意味は文脈によって決まるのです。また，こうした知識を活用するためには，統語的・意味的・音韻的に「正しい」だけでは不十分です。相手によって適切なものの言い方や書き方を選択しなくてはなりません。1970年代よりこうしたコミュニケーションを中心とした考え方が中心となり，文法もその枠組みの中でとらえ直されるようになりました。このコミュニケーション中心の文法という考え方に立ち，Purpura (2004) は，文法の構成要素を正しい文・文章を理解・産出するための「文法知識」と，実際のコミュニケーションで適切に使用するための「語用論知識」に分類しています。「文法知識」はさらに「文法的形式」と「文法的意味」に分けられ，それぞれに「文レベルの知識」と「談話知識」を設けています。下の図は Purpura による「文法的知識」と「語用論知識」の構成要素を示しています。

文法知識		語用論知識（適切さ・慣習・自然さ・許容範囲）
文法的形式	文法的意味	
文レベル	**文レベル**	**文レベル or 談話レベル**
音韻的・書字的形式 ・子音・母音を示す形式 ・プロソディー（強勢，リズム，イントネーション，音量）の形式 ・音と綴りの一致 ・書記的体系 **語彙的形式** ・正書法の形式 ・統語的特徴と制約（名詞）	**音韻的・書字的意味** ・ミニマルペアの違い ・疑問，付加疑問 ・協調・対照 ・同音異義 ・同形意義 **語彙的意味** ・明示的意味と暗示的意味 ・フォーミュラ表現の意味	**文脈が与える意味** ・対人 **社会言語的意味** ・社会的所属を示すもの（性別，年齢，地位，所属団体など） ・文化的所属を示すもの（方言など） ・社会的意味（丁寧さなど） ・使用域，心的態度

・語の成り立ち（複合語や派生語を作る接辞） ・可算・不可算や性別における制約 ・共起上の制約 ・フォーミュラの形式	・見かけ上の同族語の意味 ・意味的領域 ・典型的な言い方 ・多義性 ・コロケーション	・社会的規範，好み，期待 ・ジャンル（学術，専門）

語形・統語的形式
・屈折形を作る接辞（-edなど）
・派生形を作る接辞（un-など）
・統語的構造（時制，相）
・文構造（単文,重文。複文）
・態，法，語順

語形・統語的意味
・時間，継続
・疑問化，受動化
・因果関係，事実関係

社会文化的意味
・文化的意味（比喩など）
・文化的規範，好み，期待（自然さ，謝罪・フォーミュラ・コロケーションなどの使用頻度）
・様式による差（話し言葉，書き言葉）

心理的意味
・情意的なスタンス（皮肉，服従，重要さ，怒り，ユーモアなど）

談話レベル

結束的形式
・関連を示す形式（個人，説明，比較など）
・代替，省略
・語彙形式（繰り返しなど）
・論理的つながりを示す表現（thereforeなど）
・隣接関係（招待と受諾など）

情報処理形式
・プロソディー
・強調の do
・語順
・旧情報，新情報
・平行構造

交互作用的形式
・ディスコースマーカー
・コミュニケーション処理の方略（交代，修正，フィラー，言い換えなど）

談話レベル

結束的意味
・所有，相互関係
・空間的，時間的，心理的関係
・冗長さを省くための情報的リンク
・追加，対照，因果

情報管理的意味
・協調の意味
・焦点の意味
・対照の意味
・前景の意味

交互作用的意味
・異論，同調，回避
・会話の継続，介入
・明確化による修正

修辞的意味
・結束性
・ジャンル
・構成モード

文脈依存度：低から高	文脈依存度：高

（文法的能力：Purpula, 2004, p. 91 を一部改変）

一口に文法といっても，円滑にコミュニケーションをとるためには，実に様々なことを理解し，ほぼ自動的にその知識を活用できるように習熟する必要があることがわかります。だからといって，このすべてをテストすべきだと主張しているわけではありません。初級の英語学習者に，語用論的な項目をテストするのは無理があります。日本の中学生・高校生に対しては，指導した項目に関して，上記の「文法知識（文法的形式・文法的意味)」を中心にテストをすることになるでしょう。

　文法能力に関して，学習指導要領ではどのようなことを求めているでしょうか。中学・高校共に指導すべき文法項目が列挙されていますが，ここでは1つ1つそれらを取り上げることはしません。文法指導上で留意すべきことに焦点を当てて見ていきます。2017年に公示された中学校学習指導要領では，小学校での英語の教科化に伴い，指導すべき文法項目に仮定法などの新しい項目が入っています。文法指導の留意点としては，以下の3点が挙げられています。

(ア) 英語の特質を理解させるために，関連のある文法事項はまとめて整理するなど，効果的な指導ができるよう工夫すること。

(イ) 文法はコミュニケーションを支えるものであることを踏まえ，コミュニケーションの目的を達成する上での必要性や有用性を実感させた上でその知識を活用させたり，繰り返し使用することで当該文法事項 の規則性や構造などについて気付きを促したりするなど，言語活動と効果的に関連付けて指導すること。

(ウ) 用語や用法の区別などの指導が中心とならないよう配慮し，実際に活用できるようにするとともに，語順や修飾関係などにおける日本語との違いに留意して指導すること。

　「文法」はコミュニケーションを支える下位技能であることが明確に述べられています。用語や用法の明示的な理解を指導の中心とするのではなく，実際のコミュニケーションに活用できるように指導することが求められています。テストにおいても，用語の理解や用法の区別に関する出題はすべきではありません。実際のコミュニケーションに活用できる知識・事項をテスト

すべきです。コミュニケーションの観点から文法事項を理解しているか，実際に活用できるかどうかを中心に問う必要があることがわかります。

　高校ではどうでしょうか。2018年公示の指導要領では，小学校や中学校で学んだ文構造や文法事項を，「意味のある文脈でのコミュニケーションの中で繰り返し触れることを通して活用すること」としています。

　やはり文法はコミュニケーションを支える下位技能であり，用語や用法の区別よりも，実際に活用できることに重点を置いて指導するよう求めています。

　以上をまとめますと，中学・高校共に，指導要領に取り上げられている文法項目に関し，コミュニケーションと関連付けた出題が求められています。用語や用法の区別を問うような出題は避け，使用場面を設定するなどして，実際のコミュニケーションに活用できる知識になっているかどうかを問う必要があることがわかります。

❷ 中学・高校における文法テスト作成にあたっての留意点

　すべての学校で，現在まで数多くの文法テストが作成されたことでしょう。上述したように，現在はコミュニケーションと関連付けた出題が求められています。しかし過去には，コミュニケーションを行う上で必要とは思えないような難解な用語の理解を問う問題や，用法の区別を問う問題が頻繁に出題されていました。これからは生徒のコミュニケーション能力を伸ばしていくような文法問題を考えていかなくてはなりません。また，文法的なルールを理解することと，実際に活用できることは別のことです。理解したものを活用させるには，繰り返し練習し，反復してテストすることが効果的です。その意味でも，語彙と同じように，文法も小テストと定期テストを組み合わせて出題していくことが理想でしょう。ここでは文法問題の作成にあたっての留意点を考えてみたいと思います。

2.1　コミュニケーション場面を設定した出題にする

　これまでの文法問題では，文脈から切り離された一文による出題で，どういう場面で誰が誰に向かって述べているものかの説明がないものが数多くありました（根岸, 2007）。このような出題では，生徒はせっかくの知識を実

際のコミュニケーションに活用できるようにはなりません。前後の文脈を与えたり，絵を用いたりして，どのような場面で誰が誰に向かって述べている文なのかをはっきり示してあげましょう。また，関連のないバラバラな文法事項を1つのセクションにまとめて問うことも望ましくありません。同じ文法事項を複数の問題で問うようにした方が信頼性は高くなります。また，学習指導要領が求めているように，「関連のある文法事項をまとめて」出題し，特定場面においてそうした知識を結びつけて活用できるかどうか問うことも，コミュニケーションの観点からは意義のあることだと思います。

2.2　用語の理解を問う問題や，用法の区別を問う問題を出題しない

　コミュニケーションと切り離して，明示的な文法用語やルールそのものの区別をテストの対象にするのはやめましょう。コミュニケーションに役立たないばかりか，生徒を英語嫌いにしてしまう可能性が大きいからです。若林・根岸（1993）では，次のような欠陥文法テストを紹介しています。高校生を対象に実際に出題されたテストだそうです。

・次の文の1～6の（　　）に，下の語群から適切な言葉を選んで入れ，文を完成させなさい。

　英語の品詞には，大きくわけて4種類ある。それは（　1　）と（　2　）と（　3　）と（　4　）である。

（　1　）は人やものの様子や状態をいいあらわすことばで，
（　2　）は人やものの名前で，
（　3　）は人やものの動作をいいあらわすことばで，
（　4　）は（　2　）以外のことばの様子や状態をいいあらわす言葉である。
なかでも，（　3　）には（　5　）と（　6　）がある。
（　5　）は，amや，isや，areのような言葉のことである。
（　6　）とは（　5　）以外の（　3　）のことである。

（語群）　一般動詞　be 動詞　動詞　副詞　名詞　形容詞

　英語のテストなのに，日本語を読んで日本語で答える形式です。定義があまりにずさんです。生徒の英語コミュニケーション能力を伸ばそうとしているとはとても思えません。かえって意欲を阻害してしまうのでないでしょうか。

　次の例を見てください。

・次の文は 5 文型のうちの第何文型か答えなさい。

(1) He made a cake.

(2) He made her a dole.

(3) He made her a secretary.

　文脈のない，バラバラな文による出題です。(1) が第 3 文型，(2) が第 4 文型，(3) が第 5 文型と答えることを期待しているのでしょう。5 文型を教えても構いませんが，それは生徒が英文を理解したり産出したりするための手助けとして教えるのです。文形の分類をさせることそのものを出題するのは，コミュニケーションの観点からいうと本末転倒です。

　もうひとつ例を挙げます。

・下の各文に含まれる不定詞が，名詞的用法，形容詞的用法，副詞的用法のいずれの用法なのかを答えなさい。

(1) Emma decided to go on a diet.

(2) I need something to write with.

(3) Tom takes exercises to stay healthy.

不定詞を教える目的は，生徒がこの形式の伝える意味を理解し，使えるようにすることであり，3用法の分類ができるようになることではありません。答えは (1) が名詞的用法，(2) が形容詞的用法となるでしょうが，(3) は形容詞的用法とも言えますし，副詞的用法とも言えるので解答不能です。テストするのは生徒のコミュニケーション能力を伸ばすためです。学習指導要領にもあるとおり，以上の例のような用語の理解や用法の分類を出題することは厳に慎みましょう。

2.3　どの側面・どの段階をテストしているのかを明確にする

上記以外で文法テストを作成する場合に大切なことは2点あります。ひとつは，指導目標に応じて，文法知識のどの側面をテストするのかを明確にすることです。もうひとつは，習得のどの段階をテストするかを明確にすることです。ルールを理解していることと，実際に使えることは別です。ルールを理解しているかどうかなら，紙と鉛筆のテストでかまわないでしょう。実際に活用できるかどうかを見たいなら，スピーキングやライティングで実際に産出させてみる必要があります。スピーキングテスト，ライティングテストについてはそれぞれの章をご参照ください。

❸ 文法テストの形式例

このセクションでは，生徒のコミュニケーション能力を向上させるために，どのような文法問題の形式が考えられるか，具体的な例を示していきたいと思います。ここでは紙と鉛筆による，文法形式と意味の理解を確認する問題のみを取り上げます。実際に活用できるかどうかは，スピーキングやライティングのタスクで確認する必要があります。それらについては関連の章をご覧ください。重要な点は先述したように，何らかの文脈を与え，場面設定を明確にすることです。言い換えると，どのような場面で，誰が誰に向かってある特定の文法項目を使用しているのかを，受験する生徒たちに理解してもらうことでしょう。中学・高校で教える全ての文法項目を取り上げることはできませんが，形式をうまく応用して使っていただきたいと思います。

◎ 多肢選択式問題

おなじみの4択問題ですが，1文ではなく文脈を与えて場面がわかるようにしましょう。選択問題作成のポイントについては第6章を参照してください。接続詞に関する出題です。

Janeが母親とペットショップに来て話をしています。（　　）にあてはまるものを1〜4から1つ選びなさい。

Jane: Mom, look at that cute dog!

Mother: Oh, it's a miniature schnauzer.

Jane: Can I have it?

Mother: You can't have a pet (　　) you can take a good care of it.

Jane: I will take good care of that dog!

Mother: Well, let me talk about it with your dad.

　　　　1. if　　　　2. unless　　　3. when　　　4. which

▶正解　2

絵を使って文脈を与えることもできます。比較級の問題です。

絵に合っている説明文を下から1つ選びなさい。

1. The man is as tall as the woman.

2. The man is taller than the woman.

3. The woman is not shorter than the man.

4. The woman is taller than the man.

▶正解　2

◎ Gap filling

　リーディングテストとしても使用できますが，ここでは be 動詞をターゲットにした文法問題として出題しています。現在形に関しては中学１年生の初めに扱い，過去形は１年生の終わりか２年生の初めに扱う場合が多いようです。以下は現在形も過去形も学習した後に，両方をまとめて出題する例です。(若林・根岸, 1993 を改題)

次の文は，英語の授業中に Kana が自分の好きな場所について書いた文章です。(　　) の中に，am, is, are, was, were のうち適切なものを選んで入れなさい。同じ語を何度使ってもかまいません。

　I like the City Park. It (　1　) in the center of the city. It (　2　) a beautiful park. I (　3　) always happy in the park. Yesterday, I went there. It (　4　) Sunday and there (　5　) many people in the park. At 10 o'clock, I met Risa there. She (　6　) jogging in the park. I said hello to her, and we talked a lot. We (　7　) really happy then.

　　　　　　　　　　　▶正解　順に is, is, am, was, were, was, were

◎ 対話完成問題

　対話の一部を空欄にし，前後がつながるようにその空所を埋めさせます。文法形式と意味を両方テストできます。以下は仮定法に関する出題です。

下の A と B の会話を読み，前後が自然につながるようなセリフを考えて，下線部に書きなさい。

A: My boss is terrible! He gets very angry when I make a mistake, but never praises me when I do a good job!
B: Well, if I were you, ＿＿＿＿＿＿＿＿＿＿＿＿＿＿＿＿＿＿!
A: No. I really love my job. It's challenging but rewarding.

　　　　　　　　　　　▶正解　I would quit the job など

◎ Matching

　ある文法項目を含む文の意味を問う問題です。最も意味が近いものを選択肢から選ばせます。否定を含む比較表現に関する出題です。

　Mike と Paul はサッカーの試合を観戦しています。二人の会話を読み，下線部と最も意味の近いものを 1-4 から選びなさい。

Mike:　Wow! Did you see Ronald's goal? It was a fantastic shot!

　Paul:　Yes. Nobody is as good at shooting as him!

Mike:　You can say that again! He's a real goal-getter.

　　1. Ronald is a good shooter.　　2. Ronald is a poor shooter.

　　3. Ronald is the best shooter.　　4. Ronald is the worst shooter.

▶正解　3

タスク 18

1. 上記の例以外にどんな文法問題が考えられるか。ペアもしくはグループで話し合ってみよう。

2. 中学もしくは高校の教科書から文法事項を 1 つ取り上げ，それに関する文法問題を作成してみよう。グループで各人の作った問題の良い点，改善点について話し合ってみよう。

第11章

リーディングテストの作成

　英語リーディングテストの目的は，生徒が英文をいかに「よく読めるか」を測定することです。「よく読める」とは何を意味するのでしょうか。日常生活の中で，私たちは文字で書かれた様々なものを「読んで」います。何のために読むのか，どのように読むのかは，読み手の目的や置かれた状況によって変わってきます。忙しいサラリーマンが出勤前に新聞を読む場合と，就寝前に好きな作家の小説を読む場合ではかなり状況が違います。前者では「新しい情報を得るため」に必要な部分だけに目を通し，素早く読むことが要求されますが，後者では「楽しみを得るため」に隅々まで時間をかけて読むのが普通でしょう。また，どのように読むかは読み手の能力と文章の難易度に大きく左右されます。目的や状況に応じた読み方ができて初めて「よく読めた」ということになるのでしょう。中学や高校の英語授業でリーディング力を測定したいのであれば，まずどのような難易度の英文を，どのように読ませたいのかを明確にしておく必要があります。

　学習者が様々な英語の文章から新たな情報を得たり，楽しみを得たりできるようにすることが，教える側にとっての理想的なリーディング指導の目的と言えるかもしれません。しかし，中学・高校の6年間で生徒に英字新聞や英語の小説などをスラスラ読めるようにすることは，現実的には高すぎる目標に思えます（作家の村上春樹さんのように高校生の頃からアメリカの小説

などを原文で貪るように読んでいた人もいますが）。まずは英文を読めるようにするため，語彙や文法などの下位技能を身につけさせなければなりません。さらにはパッセージの構造や，作者のスタンスやトーンなど，文章全体から英文を理解していく技能も必要です。加えて文章の深い理解には世間一般に対する様々な背景的知識も必要です。中学・高校の教師はこうした様々な技能を身につける手助けをして，生徒の読む力を育てていかなければならないのです。こう考えると，中学・高校で実施する定期テストにおけるリーディングテストは，いかによく読めるかを判定する熟達度テストのリーディングテストとは異なってきます。生徒に身につけさせたいリーディング力とは何か，そしてそれをどのように測定したらいいのかを，この章では考えていきたいと思います。

1 中学・高校で求められる英語リーディング力とは

　読むという行為は，以前は受動的な行為だと考えられていました。筆者のメッセージを一方的に受け取るというイメージです。しかし今ではむしろ筆者と読者の対話であると考えられています。筆者のメッセージを，読者が持てる知識や技能を総動員して読み取ろうとする能動的な活動であるというイメージです。人は何かを読むときに，実に様々な認知的活動を行なっています。優れた読み手は1つ1つの単語を認識して意味を下から少しずつ積み上げていくボトムアップ的手法と，背景的知識や全体の構成からテキストの理解を図ろうとするトップダウン的な手法を同時に駆使しながら読んでいると言われます (Alderson, 2000)。語彙，文法などのボトムアップで使われる知識と，内容に関する背景的知識，英文パッセージの構造に対する知識などのトップダウンで使われる知識が相互に作用しあって，読み手を理解へと導いていくのです。

　リーディング力という一元的な構成概念が存在すると仮定して，その構成概念がどのような下位概念で構成されるかに関しては，これまで様々な議論がなされてきました。語彙，文法，構成，背景知識などの下位概念があることは想定できます。しかしこうした下位概念がいくつあるかは明確ではありません。またこれらの下位概念は相互に独立して存在しているのではなく，相互に影響を与え合っています。ですから，それぞれを独立した概念として

測定し，それを積み上げて総合的なリーディング力を推定するというのはあまり現実的ではありません。また，現在よく使われているテスト項目が，実際にどのような能力を測定しているのか，まだよくわからない部分が多いのです。現在私たちにできることは，中学生や高校生に求めるのに妥当なリーディング力を明らかにして，私たちが作成可能なテスト項目で測定していくという立場をとることだと思われます。

　「求められる英語リーディング力」を明らかにするために，2017年に公示された中学校学習指導要領における英語の「読むこと」に関する目標を抜き出してみます。

> **ア** 日常的な話題について，簡単な語句や文で書かれたものから必要な
> 　　情報を読み取ることができる。
> **イ** 日常的な話題について，簡単な語句や文で書かれた短い文章の概要
> 　　を捉えることができるようにする。
> **ウ** 社会的な話題について，簡単な語句や文で書かれた短い文章の要点
> 　　を捉えることができる。

　トピックとしては，日常的な話題，社会的な話題を取り上げることになっています。文章レベルは「簡単な語句や文」で書かれたもの・短い文章となっています。これは教科書に出てきたものと同等の文章が理解できる程度と理解できます。また「必要な情報を読み取る」（スキャニング），「概要（文章のおおよその内容や流れ）・要点（書き手が伝えたい主たる考え）を捉える」（スキミング）など，状況に応じた読みができるようになることが求められています。

　さらに，「言語活動に関する事項」の「読むこと」においては，以下のような4つの言語活動を行うように求めています。

> **(ア)** 書かれた内容や文章の構成を考えながら黙読したり，その内容を
> 　　表現するよう音読したりする活動。
> **(イ)** 日常的な話題について，簡単な表現が用いられている広告やパン
> 　　フレット，予定表，手紙，電子メール，短い文章などから，自分
> 　　が必要とする情報を読み取る活動。

（ウ）簡単な語句や文で書かれた日常的な話題に関する短い説明やエッセイ，物語などを読んで概要を把握する活動。

（エ）簡単な語句や文で書かれた社会的な話題に関する説明などを読んで，イラストや写真，図表なども参考にしながら，要点を把握する活動。

また，その内容に対する賛否や自分の考えを述べる活動。

　小学校での英語の教科化に伴い，文字指導が小学校から行われることになりました。そのため，2008 年公示の指導要領にあった「文字や符号を識別し，正しく読むこと」というボトムアップスキルが削除されました。黙読と音読に関しては前回に続いて言及されています。日常的な話題に関しては，スキャニングの題材として，広告・パンフレット・予定表・手紙・電子メールなどの具体例が挙げられ，スキミングの題材としては説明文・エッセイ・物語が挙げられています。また，社会的話題に関しては，付随した視覚情報と統合した読み方や，それに対する意見表明が求められています。全般に，日常生活における読みを以前より反映した内容になっていると言えるでしょう。必要な情報を得るために読む，楽しみのために読む，また読んだ内容を誰かに伝えたり，感想を伝えたりするといった能力が求められていることがわかります。上記に上げられている題材を用いて，スキャニングやスキミングと言った読み方を要求する問題や，文字テキストと図表を統合して答えさせる問題，スピーキングやライティングとの統合型問題として，読んだ内容に対して感想や意見を言わせたり書かせたりする問題などが考えられます。

　高校ではどうでしょうか。必修の「英語コミュニケーション I」から「読むこと」の指導目標を，2018 年公示の指導要領から抜き出してみます。

ア　日常的な話題について，使用される語句や文．情報量などにおいて，多くの支援を活用すれば，必要な情報を読み取り，書き手の意図を把握することができるようにする。

イ　社会的な話題について，使用される語句や文，情報量などにおいて，多くの支援を活用すれば．必要な情報を読み取り，概要や要点を目的に応じてとらえることができるようにする。

トピックとしては，中学と同じ日常的な話題，社会的な話題を取り上げることになっています。文章レベルは「簡単な語句や文で書かれたもの・短い文章」という条件が取れ，「多くの支援を活用すれば」という文言が入っています。中学に比べてさらに難しい語彙や構造があり，情報量も多い題材を使うことが求められますが，生徒が理解できるよう教師が支援を与える必要があります。また，日常的な話題については「書き手の意図を把握する」，社会的話題については「概要や要点を捉える」など，常に情報の詳細を理解するよりも，書き手の伝えたい主たるメッセージを理解することが求められています。

　「英語コミュニケーションⅠ」における「言語活動に関する事項」の「読むこと」においては，以下のような言語活動を行うことが求められています。

(ア) 日常的な話題について，基本的な語句や文での言い換えや，書かれている文章の背景に関する説明などを十分に聞いたり読んだりしながら，電子メールやパンフレットなどから必要な情報を読み取り，書き手の意図を把握する活動。また，読み取った内容を話したり書いたりして伝え合う活動。

(イ) 社会的な話題について，基本的な語句や文での言い換えや，書かれている文章の背景に関する説明などを十分に聞いたり読んだりしながら，説明文や論証文などから必要な情報を読み取り，概要や要点を把握する活動。また読み取った内容を話したり書いたりしてつ和えあう活動。

　目標で述べられていた「多くの支援」の内容が説明されています。難しい語句をパラフレーズしたり，図表・イラスト・写真・映像などの視覚情報を与えたりすることが考えられます。生徒に文章を読ませる前に，英語によるオーラル・インタラクションで生徒とやり取りをしながら文章の背景知識を与えていくのも良い支援になるでしょう。日常的話題では「電子メールやパンフレット」，社会的話題では「説明文や論証文」などを使用することが示されています。さらに，読んだ内容をスピーキングやライティングという発表活動に統合して指導することが求められています。高校では，中学よりも長い文章を，より高度なトップダウン的技能を駆使して読むことが求められ

ているのがわかります。こうした能力を試す設問を意図的に作成していく必要があるでしょう。

❷ 中学・高校におけるリーディングテスト作成にあたっての留意点

　出題するテキストが決まっていれば，テスト問題を作成するのはそれほど難しくないように思えます。真偽を問う問題，穴埋め問題，短答問題などはそれほど時間をかけずに作成できるでしょう。しかしそれが本当に良い問題であるか，本当に測定したい能力を測定しているのは別問題です (Hughes, 2003)。

　リーディング力は，スピーキング力やライティング力と違って，直接観察することができません。このセクションでは，中学・高校でリーディング問題を作成するにあたっての留意点を取り上げます。

2.1　2重の間接性

　第8章で述べたように，リーディング力の測定には2重の間接性があります。1つ目は，あるテキストが良く読めたからといって，他のテキストも同様によく読めるというような一般化ができないということです。よく読めるかどうかには様々な要因が関係して来ます。それらは読み手に関わる要因（言語的能力・背景的知識・意欲など）とテキストに関わる要因（読みやすさ・長さ・ジャンル・文体・トーンなど）に大別されます。あるテストは限られた条件の要因の元でしかリーディング力を測定できないので，他の様々な状況におけるリーディングに一般化することが難しいのです。

　2つ目は，リーディング力を直接観察することはできないということです。読み手があるテキストを読んでどの程度それを深く理解しているかは，第3者にはわかりません。したがって私たちは何らかの刺激（設問）を読み手に与え，その反応（解答）でしか判断することができないのです。読み手がある解答に至るまでのプロセスを見ることはできません。4択問題で解答者が正解を選んだとしても，それが問題作成者の意図したプロセスを経て導き出されたかどうかは確かめようがないのです。全く違った考え方で正解にたどり着いても，当て推量で正解を選んでも得点が与えられることになります。また，設問をつけることによって，読み手は普段日常で行なっている読み方

とは違う読み方を強いられることになってしまいます。総合問題のように，文章を非常に読みにくくしてしまう場合もあります。設問自体が文章理解のヒントを与えていて，読み手の理解を助けてしまう場合もあります。問題作成者はこうしたことを頭に入れて，作成した項目が本当に測定したいものを測定するようになっているか，自然な読みをできるだけ妨げないようになっているかに注意を払わなければなりません。

2.2 既出の英文を使用することについて

中学・高校の定期テストでは，多くの場合生徒がすでに読んだ教科書の文章を使ってリーディングテストが作成されていることと思います。これに対し，既出の文章を使うのは真の意味でのリーディング力を測定しているのではなく単なる暗記テストに過ぎない，という批判があります（Hughes, 2003; 卯城, 2009, 2011, 2013）。すでに解説され，理解が済んだものをテストしても読解の力を試していることにならない，だから英文を読むことができるかどうかを判断するには，読み手が初めて出会う文章でなければならない，という主張もあります。

筆者たちは，中学・高校における定期テストではすでに学習した文章を基本として出題すべきという立場をとります。最大の理由は，テストで新出の英文ばかりを使うと，生徒が真摯に授業に取り組まなくなるという負の波及効果が生じるからです。テストの妥当性を高めるためには，ティーチング・ポイントとテスティング・ポイントを一致させなければなりません。授業で習ったことがテストに出なければ，生徒は授業を聞かなくなるかもしれません。学校の定期テストは英検のような熟達度テストではなく，到達度テストです。生徒が授業や家庭学習で取り組んだことがどれだけ定着したかを明らかにし，彼らの努力を正当に評価するものでなければなりません。努力を正当に評価することが生徒の学習意欲を高めるのです。靜 (2002) も述べているように，授業内容に基づく定期テスト等の到達度テストと，実力テストもしくは入学試験等の熟達度テストは全く別のものであり，それぞれに応じた問題形式にすべきと我々も考えています。本当の意味での読解力を測定することより，授業で教えた知識や技能がきちんと身についているかを明らかにすることを優先させるべきです。

もう一つの理由は，多くの中学生・高校生が英文の読み手としてはまだ

初中級者であり，初見の英文をスラスラ読みこなせるようになるためには，まだまだ身につけなければならない下位技能がたくさんあるということです。熟練した読み手であれば，母語で駆使している読むための様々な技能を，第二言語においても使うことができると言われています。しかしこうした第一言語 (L1) から第二言語 (L2) への技能の移転は，第二言語学習者がその目標言語においてある一定のレベル（閾値）に到達しないと起こらないと考えられています。中学生や高校生の多くは，まだこの閾値に到達していないと思われます。母語で使用している様々な読みの技術を英語の文章に対して自由に使用するのはまだ困難です。こうした初中級の第二言語学習者に対し，Alderson (2000) は次のように述べています。"[L]ow-level second language readers need to improve, and therefore be assessed on, their language proficiency before 'true' reading ability can be estimated (p. 112)." まだ未熟な読み手の場合は，真の意味での読解力を測定する前に身につけなければならない言語的知識や技能（語彙や文法など）があり，そうしたことも評価しなければならない，ということです。ここに中学校や高校におけるリーディングテスト作成の難しさがあります。真の意味での読解力——現時点でどの程度の難しさの文章が読めるのか——という判定よりも，それまで教えた語彙や文法事項などの下位技能の定着を見ながら，読んだ文章をどれだけよく理解できているかという確認作業を優先しなければならないのです。生徒がどれだけ英文をよく読めるか，はおそらく普段の授業から把握できることでしょう。定期テストはむしろ生徒のさらなる学習を促進するためにあるべきです。そういう観点から，中学・高校の定期テストにおいては授業で使用した既出の文章の使用を基本とするか，あるいは，あくまで，既習の英文をベースにして，何らかの修正・加工を加えて，使用すべきだと考えます。

　既出の文章を出題するにあたって留意しなければならない点がいくつかあります。1 つめは，第 8 章でも述べましたが，和訳を求める問題を出題しないことです。和訳中心の出題にすると，生徒は英文の復習をせずに，日本語訳だけを暗記して来るかもしれません。これでは本当に英語に関係のない記憶力のテストになってしまいます。2 つめは，既出の文章を使いながらも，文章を一部改変したり，設問を工夫したりすることで新しい英文を読む機会を生徒に与えることです。文章の一部もしくは問題の指示文や選択肢を英語

にすることで，生徒に新しく英語を読む機会を作りましょう。もちろんこう
した新たな部分は生徒がこれまで習った語彙や文法事項で作成され，十分に
理解可能なものでなくてはなりません。作成の仕方については後述します。
高校生など，ある程度基礎的な英語力が身についてきたなら，テスト全体の
1割などと限定した上で，初出の英文を使ったリーディングテストを実施し
ても良いと思います。この場合，英文の選択は生徒が学習した範囲を逸脱し
ないように気をつける必要があります。内容もできれば学習した範囲に関連
するものが望ましいでしょう。これについても後ほど触れたいと思います。

2.3 その他の留意点

　ここでは靜 (2002) 及び Hughes (2003) にあるリーディング問題作成にお
ける留意点などから，上記に述べた以外の中学・高校の定期テストに関わる
留意点を抜粋して紹介します。

・いわゆる総合問題はやめ，1つの英文素材に対して施す「変形」は多くと
　も1種類にせよ（靜）
「総合問題」の弊害については第8章で詳しく述べました。総体として何を
測定しているのかわからないことと，読み手に不自然な読み方をさせること
が大きな問題です。ここでいう「変形」とはテキストの特定箇所に空所を設
ける，下線を引く，記号をつける，などを意味します。普段私たちはこうし
た変形を施された文章を読むことはありません。リーディング力をテストす
る場合はある程度こうした変形もやむを得ませんが，それを最小限にして，
読み手になるべく不自然な読み方をさせないようにする必要があります。テ
スティング・ポイントを絞ることが変形を減らすことにつながります。

・問題項目の並び順は，テキストの流れに沿ったものにせよ (Hughes)
1つのテキストに対して複数の問題がある場合，その解答が見つかる箇所は，
テキストの流れに沿ったように上から下へと並べます。問題1の解答が2行
目にあったら，問題2の解答は5行目，問題3の回答は9行目となるように
していきます。左から右，上から下へと英文を自然に読んでいけば順番に問
題が解答できるように問題を並べましょう。この順番をランダムにしてしま
うと，途中で戻って読まなければならないなど，不自然な読み方を解答者に

強いることになってしまいます。

・英文を読まなくても答えられるような設問を作成しない (Hughes)
一般常識でわかる問題や，他の選択肢が排除できるから正答に行き着くような選択問題を作成しないように注意しましょう。一度読ませた英文であっても，あらためて読まなければ解答できない問題を作成すべきです。

・指示文は簡潔かつ明瞭にせよ
指示文が不明瞭なために生徒が設問に解答できなかった，という事態が起きないよう気をつけましょう。指示文自体が不自然な読み方を強要していないかも気をつける必要があります。英文で指示を出す場合は，生徒に理解可能かどうか，同僚の先生や ALT に確かめてもらいましょう。

3 リーディングテストの形式例

　ここでは中学や高校の定期テストでリーディングテストとして，出題可能な形式をいくつか確認していきます。なお，第 8 章 5 の「英文和訳，総合問題に代わって」もご参照ください。

(1) 選択式問題
　多肢選択問題は，自由記述と違い，正答が決まっているので，採点の信頼性も高く，採点に費やす労力も低いという長所があります。しかしながら，あてずっぽうによるまぐれの正解や，選択肢の作成が難しいなどの短所もあり，注意が必要です。多肢選択問題作成については第 6 章で詳しく扱っているので，参考にしてください。

(2) クローズテスト
　クローズテストとは，一定の間隔で文章に空欄を設け，受験生に空欄を埋めさせるという形式の問題です。以下は 4 語の間隔で空欄が設けられています。

空欄に単語を入れなさい。

One day Carter (1) a child on (2) ground. He knew (3) the child was (4). She was so (5) that she could not move.

▶正解 　(1) saw 　(2) the 　(3) why 　(4) there 　(5) hungry

NEW CROWN 3 　三省堂

また，本文の後に，本文を要約した英文を提示し，問いたい知識をタップして恣意的に空欄を設けることも可能です。

問題例

次の英文を読み，内容と合うように，英文の空欄に単語を入れなさい。

One day Carter saw a child on the ground. He knew why the child was there. She was so hungry that she could not move.

One day a child was (1) on the ground. Carter saw her and understood the (2) why she was there. She was (3)hungry (4)move.

▶正解 　(1) lying/ sitting 　(2) reason 　(3) too 　(4) to

NEW CROWN 3 　三省堂

クローズテストでは英語での解答を求めているので，生徒も日本語の意味や訳ではなく，英語に注意を向けるという良い波及効果があると考えられます。作成も割と容易で，教科書の内容が反映されるので，実用性と内容妥当性も高く，採点の信頼性も高めることができます。短時間で容易に作成できることに一種の違和感を持つ先生もおられるかもしれませんが，その利点を理解したうえで，定期考査において，より有効に活用してはいかがでしょうか。

(3) Gap Filling

　前章でも紹介した英文中から抜かれた単語をもとの位置に入れさせる形式

の問題です。構文理解力および読解力を高い信頼性と妥当性を担保して測定することが出来ます。

(4) 短答問題

割と短い答えを受験者に英語で答えさせる問題です。多肢選択ではないので，推量による正解の可能性が低い，正解が一つに定まる，作成が容易である等の利点があります (Hughes, 2003)。

問題例

次の英文を読み問に英語で答えなさい。

Work and private life

When Beth finished the work for the day and was about to leave the office, she found her Japanese colleagues were going to work overtime. It was strange for her that most of her colleagues stayed in the office sometimes until late at night. Once, when Beth had to work overtime to finish editing English papers, she noticed the Japanese workers were enjoying talking in a relaxed manner. She could not understand why they were in the office even though they did not seem to have extra work.

Beth has been enjoying her job as an interpreter and editor in the Japanese company. Her bosses and coworkers are kind and generous. When she has trouble understanding a point about Japan and its culture, they are always quick to help her. It didn't take much time to become good friends with them.

『異文化理解のための実践学習』松柏社

1. What did she find when Beth finished her work?
2. What was Beth's job?
3. Who are kind to her?

▶正解　1. She found that her colleagues were going to work overtime.
2. An interpreter and editor　3. Her bosses and coworkers are.

この短答問題では多種多様な形式が考えられます。以下も一例です。

本文の内容に合うように次の英文を完成させなさい。

Beth became friends with her colleagues soon, because (　　　　)

▶正解　they were/are kind and generous.

　英語で答えさせる問題は，多肢選択に比べ採点に時間がかかるという問題がありますが，短答形式にすることによって，幾分この問題は緩和されます。採点基準を明確にしておくことが重要です。

(5) Summary

　パッセージの内容について，受験者自身の英語で要約・説明する問題です。設問は「以下の英文を読み，その内容について 50 語の英語で要約しなさい」になりますが，ここで問題になるのは，英文の理解が出来ていなくても，本文の表現を利用することにより，何とかまとまった英文が書けてしまうことです。したがって，使用してはいけない単語や表現を示したり，人称を変えさせたりするなどの工夫を加え，出来るだけ生徒自身の英語で書かせる必要があります。

以下の英文を読み，その内容について 50 語の英語で要約しなさい。ただし以下の語，表現を用いてはいけません。

leave, work over time, understood

When Beth finished the work for the day and was about to leave the office, she found her Japanese colleagues were going to work overtime. It was strange for her that most of her colleagues stayed in the office sometimes until late at night. Once, when Beth had to work overtime to finish editing English papers, she noticed the Japanese workers were enjoying talking in a relaxed manner. She could not understand why they were in the office even though they did not seem to have extra work.

解答例

Beth found it unusual that her Japanese peers frequently remained at the office well into the night, seemingly without additional tasks. On a day she stayed late editing English papers, she noticed them engaging in casual conversations. This office culture puzzled her.

この形式の問題は，リィーディングとライティング能力を測定できる統合問題でもあります。様々な解答が予想されるので，事前に評価基準を作成しておくのが望ましいですが，実用性を考えると，評価者の全体評価で 5，あるいは 3 段階で採点するので十分かと考えます。このように，英文理解をもとに，自分の英語で書かせるということに大いに意義があると考えます。

(6) 情報転移

　これは，英文を読んで得た情報を表などに簡単に記入させる形式の問題です。試験においても基本的には英語で解答させるのが望ましいですが，読解にタップするのであれば，英文和訳にならないという条件で，日本語での解答も問題ないでしょう。

問題例

次の英文を読み，空欄 1 ～ 5 を日本語で埋め表を完成させなさい。

Nagoya Castle

In 1610, the shogun Tokugawa Ieyasu started a two-year long project to build the modern version of Nagoya Castle. He chose the location because it lay along the Tokaido Highway, which linked Edo (Tokyo) with Kyoto. The Imperial family took control of the castle in 1893, and used it as a palace. In 1930, the Emperor gave the castle to the city of Nagoya. Most of the castle burned to the ground on May 14, 1945, near the end of World War II. Today, most of what we see is a concrete reproduction of the original castle. The castle is now a museum.

年	誰が	何をしたか（何が起こったか）	その他の情報
1610	Tokugawa Ieyasu	名古屋城を建造する プロジェクトを開始	1
1893	皇室	2	宮殿として使用した
1930	天皇	3	—
1945	—	4	—
現在	—	城の大部分はコンクリートで 再現されている	5

この問題では，英文の理解が出来ていなくても，表に英文を入れることが出来るので，むしろ日本語で書かせる方がいいでしょう。日本語での解答であっても英語で得た情報をしっかり整理するというオーセンティックな問題であると言えます。

タスク 19

次の英文について，1. Gap filling，2. 短答問題，3. Summary 問題をグループで分担し作成し，意見交換してみよう。

I was surprised to learn that there was a rugby club at the university where I was learning English and teaching methodologies. However, I did not waste any time joining the team. On the first day of practice I was amazed by the size and power of the American players, and as I had expected, how easily they could tackle a lighter and smaller player like me. At first, they were friendly and kind enough to talk to me in clear simple English so that I could understand them without any problem. American friends were so curious about Japanese life, culture, and even politics that they asked a lot of questions. Sometimes I had trouble answering their questions, but we enjoyed talking anyway, before, after and even during the rugby practice.

『異文化理解のための実践学習』 松柏社

第12章

リスニングテストの作成

　英語リスニングテストの目的は，生徒が他者の発した英語音声を聞いて，その意味するところが理解できたかどうかを測定することです。しかし第二言語学習者にとって，この「音声から意味を取り出す」行為は大変難しいものです。母語と第二言語間の言語的距離が大きい場合は特に，リスニングは大変難しい行為になります。日本人にとって，音声的特徴が全く異なる英語のリスニングは認知的負荷が大変高くなります。英語4技能の中でも，筆者はこのリスニング能力を向上させることが一番難しく，時間がかかると思っています。文字によるインプットと違って音声によるインプットは瞬時に消えてしまうため，常にその場での処理が求められます。理解できない部分があっても，そこに戻ることができません。実際の音声コミュニケーションでは，話された内容だけでなく，話し手の声の大きさ，トーン，表情，身振り手振りなども総合して，私たちは話し手の意図を探っているのです。しかも人間というのは厄介なことに，常に本音を話すとは限りません。聞くという行為を通して私たちは壮大な「推測ゲーム」を行っているのです。もちろん読む行為においても私たちは同じような推測ゲームを行っています。しかし読む場合には，私たちは自分のペースでインプットを処理することができるのに対し，聞く場合は常に話し手のペースでインプットを処理しなければなりません。ここにリスニングの難しさがあります。

私事になりますが，筆者は 2 度ほど海外の大学で ESL のコースに入り，他の国から来た学生たちと一緒に英語を勉強した経験があります。1 度目は1998 年の夏のことで，アメリカの大学で 2 か月ほど英語 4 技能の集中講座を受けました。このときは教室内で話される英語は理解できたものの，外での日常会話を聞き取るのに苦戦しました。特に奥さん方の井戸端会議などは，背景知識がないこともあってちんぷんかんぷんでした。2 度目は 2017年の春，勤務大学の研修で 1 か月ほどオーストラリアの大学の ESL コースで勉強をさせてもらいました。このときは教室の英語だけでなく，教室外の日常会話もかなり理解できるようになったという実感がありました。しかし話者によってかなり理解度に差があったというのも事実です。あるパーティーで出会った老弁護士の話は，正直に言って半分も理解できませんでした。英語のネイティブスピーカーなのですが，独特の癖があってやや不明瞭な話し方をするので，聞き取りに大変苦労しました。彼の話を聞きながら，私は大津栄一郎先生の名著『英語の感覚』(1993) の冒頭部分を思い出していました。50 歳を過ぎてハーバード大学に留学した先生が，地元学生の会話がさっぱりわからなかったと嘆いていたのですが，それと同じような悲哀を味わっていたのです。

　このように，いわゆる標準的な英語をベースにして学んだ学習者は，実際のネイティブスピーカーの音声インプットとの違いに例外なく面食らうことになるでしょう。また，話者による音声的なバリエーションにも戸惑うことになります。しかし中学・高校においてはまず標準的な音声インプットを中心に指導しなくてはなりません。レベルに応じた理解可能なインプットを与える必要があるからです。そしてテストの際も，こうした標準的で明瞭なインプットが理解できるかどうかを測定しなければなりません。これまでの章にならって，中学・高校で求められているリスニング能力とは何かを考えた上で，作成の留意点，リスニングタスクの種類等について見ていこうと思います。

1 中学・高校で求められる英語リスニング力とは

　リスニングでは，与えられた音声を基に，聞き手が下の図のような言語的知識 (linguistic knowledge) と非言語的知識 (non-linguistic knowledge) を駆

使して，話し手が伝えようとするメッセージを理解しようとします (Buck, 2001)。

言語的知識		非言語的知識
・音声的知識 ・語彙的知識 ・統語的知識 ・意味論的知識 ・談話的知識 ・語用論的知識 ・社会言語学的知識　など		・話題に関する知識 ・世界一般に関する知識 ・表情や動作に関する知識 　など

リスニングにおいて聞き手が利用する知識（Buck, 2001 を改定）

　リーディングと同じように，メッセージの受け手は個々の情報から全体を積み上げようとするボトムアップ的手法と，背景的知識など全体から理解しようとするトップダウン的手法を，リスニングにおいても使用していると考えられています。しかし，リーディングとの決定的な違いは，リスニングはリアルタイムで進行するプロセスであり，インプットを受けるチャンスはたいてい1度きりで，決して前に戻ることができないということです。前述しましたが，リーディングはインプットを処理するスピードを自分でコントロールできる処理過程 (controlled process) なのに対して，リスニングは自分でそのスピードをコントロールすることができない，ほぼ自動的に行われる処理過程 (automatic process) なのです。話し手のペースでインプットを処理せざるを得ず，話についていくためには高度に自動化された処理システムが必要だということになります。

　中学・高校の6年間の英語授業だけで，ネイティブスピーカーの話す英語が自在に理解できるようになるまでに自動化を進めるのはほぼ不可能でしょう。英語学習者に向けられた，ある程度語彙やスピードがコントロールされた明瞭で標準的なインプットが理解できるようにするのが中学・高校の英語教育における現実的な目標であると思われます。他の章と同様に，学習指導要領から中学生・高校生に求められている英語リスニング力を考えてみまし

ょう。2017年に公示された中学校学習指導要領における英語の「聞くこと」に関する目標を抜き出してみます。

> **ア** はっきりと話されれば，日常的な話題について，必要な情報を聞き取ることができるようにする。
>
> **イ** はっきりと話されれば，日常的な話題について，話の概要を捉えることができるようにする。
>
> **ウ** はっきりと話されれば，社会的な話題について，短い説明の要点を捉えることができるようにする。

　小学校5，6年生での英語の教科化と3，4年生での外国語活動実施に伴い，前の指導要領の「初歩的な英語を聞いて話し手の意向などを理解できるようにする」からはかなり踏み込んだ目標になっています。アからウに共通する点は「はっきりと話されれば」という表記です。これはやはり明瞭で標準的な英語の音声インプットを用いることを示唆しています。リスニングテスト作成の場合には，生徒の発達段階に応じた明確なインプット素材を使用するように心がけましょう。理解の度合いとしては，日常的な話題の必要な情報や概要を聞き取ることに加え，社会的な話題の要点を捉えることが要求されています。些末な情報よりも，必要情報 (necessary information)，話の概要や要点を捉えるタスクがテストにおいて求められています。

　さらに，「言語活動に関する事項」の「聞くこと」においては，以下のような4つの言語活動を行うように求めています。

> **(ア)** 日常的な話題について，自然な口調で話される英語を聞いて，話し手の意向を正確に把握する活動。
>
> **(イ)** 店や公共交通機関などで用いられる簡単なアナウンスなどから，自分が必要とする情報を聞き取る活動。
>
> **(ウ)** 友達からの招待など，身近な事柄に関する簡単なメッセージを聞いて，その内容を把握し，適切に応答する活動。
>
> **(エ)** 友達や家族，学校生活などの日常的な話題や社会的な話題に関す

> る会話や説明などを聞いて，概要や要点を把握する活動。また，
> その内容を英語で説明する活動。

　ここにも小学校英語の必修化に伴う変化が見られます。以前の指導要領に
あった，「強勢，イントネーション，区切りなど基本的な英語の音声の特徴
をとらえ，正しく聞き取ること」，「質問や依頼などを聞いて適切に応じるこ
と」，「話し手に聞き返すなどして内容を確認しながら理解すること」などは
ある程度小学校段階で教えられるものとして削除されています。上記から
は，タスクで用いる音声テキストの内容として，日常の話題，社会的話題，
店や公共交通機関からのアナウンス，友人からの招待などが示されていま
す。中学校ではこうした話題に関して，明確な音声で伝えられるものを理解
できるようにすることが求められています。
　高校に関しては，2018年公示の「英語コミュニケーションⅠ」より，「聞
くこと」に関わる部分を抜粋します。

> ア　日常的な話題について，話される速さや，使用される語句や文，情
> 　　報量などにおいて，多くの支援を活用すれば，必要な情報を聞き取
> 　　り，話し手の意図を把握することができるようにする。
> イ　社会的な話題について，話される速さや，使用される語句や文，情
> 　　報量などにおいて，多くの支援を活用すれば，必要な情報を聞き取
> 　　り，概要や要点をも目的に応じて捉えることができるようにする。

　中学校での「はっきりと話されれば」という条件が取れ，高校ではさらに
真正性の高い音声を聞き取とることが示唆されています。その際に，教師が
「多くの支援」を与えることが求められています。その上で，日常的話題に
おける話し手の意図や，社会的話題における概要・要点を生徒に理解させる
ことが求められます。「必要な情報」とはそうした話し手の意図や，全体の
概要・読点につながる情報を意味します。音声テキストのすべてを詳細に理
解するよりも，話し手の意図，話の概要や要点を取らせるタスクが求められ
ます。

また，「英語コミュニケーションⅠ」における言語活動の「聞くこと」では，以下のような活動をすることが求められています。

(ア) 日常的な話題について，話される速さが調整されたり，基本的な語句や文での言い換えを十分に聞いたりしながら，対話や放送などから必要な情報を聞き取り，話し手の意図を把握する活動。また，聞き取った内容を話したり書いたりして伝え合う活動。

(イ) 社会的な話題について，話される速度が調整されたり，基本的な語句や文での言い換えを十分に聞いたりしながら，対話や説明などから必要な情報を聞き取り，概要や要点を把握する活動。また，聞き取った内容を話したり書いたりして伝え合う活動。

目標で述べられている支援の内容について説明があります。教師が速度を遅くしたり，難しい語句や文を易しく言い換えたり，情報量をコントロールするなどの支援が求められています。日常的な話題では「対話・放送」の利用が示唆されています。主に二人による会話の内容を聞き取ったり，店内放送や駅・空港など公共場面でのアナウンス，電話での録音メッセージを聞き取ったりする活動が考えられます。社会的な話題では「対話・説明」の利用が求められます。社会的話題に対する二人もしくは複数の会話を聞き取る，もしくは講義や講演などを聞き取る活動が考えられます。さらにどちらの話題でも，聞き取ったことをスピーキングやライティングを通してほかの生徒と伝え合うタスクが求められています。

❷ 中学・高校におけるリスニングテスト作成にあたっての留意点

リーディングテストに比べ，リスニングテストの作成は難易度が高いと言えます。まずテスト題材として適当な音声テキストを見つける，もしくは作成するのは容易ではありません。またリスニング力はリーディング力と同様に直接観察することができないため，測定そのものが容易ではないという問題もあります。ここではリスニングテスト作成に関しての留意事項を取り上げます。

2.1　2重の間接性

　受容技能であるリスニングは，リーディングと同様に測定に関して2重の間接性があることを理解しておきましょう。1つ目は，1つのテスト結果を全般的なリスニング能力として一般化するのは難しいということです。リスニングの場合，天気予報，道案内，空港でのアナウンスなど，ある状況を代表するような目標言語の使用領域 (a target language use domain) がよく用いられます (Bachman & Palmer, 1996)。他の似たような状況でも，同じような理解ができるかどうかを試すためです。しかし実際には，同じような内容であっても話し手の音声的要因（スピード，イントネーション，アクセント）によって利き手の理解は大きく左右されてしまいます。実際には，一般化よりもその時点での測定目標や生徒の実態を優先すべきでしょう。中学・高校の現場では，標準的な英語を用い，ある程度スピードや語彙がコントロールされた明瞭な音源を使用すべきです。

　2つ目は，生徒がある音源を聞いてどの程度理解したかは，直接観察ができないということです。リーディングと同じく，ある刺激（設問）を与えてその反応（解答）でしか生徒の理解度を推し量ることはできません。特に選択式問題の場合は，選択肢だけを見て解答できるような問題を出題しないようにします。音声を聞いて理解しなければ答えられないような設問を作成するように気を付けましょう。

2.2　音声テキストの真正性について

　リスニングテストで用いられる音声テキストは，厳密にいうとネイティブスピーカーが日常的に使用する話し言葉とは異なっています。中学・高校でリスニングテストを実施する場合，音源として用いられるのは，(1) 教科書付属の音声テキスト，(2) 教科書以外の音声テキスト（インターネットの英語ニュース，外部教材付属の音声など），(3) 教師が作成したスクリプトをALT などに読み上げてもらったもの，などが考えられます。そのほとんどは書き言葉をベースにしており，会話に比べるとフォーマルで，冗長さに乏しく，言い間違いやフィラー（well, let me see, you know, などの空白時間を埋める言葉）などが少ないなどの特徴を持っています。このように日常会話としての真正性を欠いていることは，TOEIC や TOEFL などの大規模テストにおけるリスニングセクションにも共通する点です (Buck, 2001)。しかし

中学や高校で行うリスニングテストの音源は、生徒が常日頃受けている音声インプットを反映したものでなければなりません。ある程度真正性を犠牲にしても、妥当性を優先すべきでしょう。音声スピード、語彙、文法項目などはある程度コントロールされた、生徒に十分理解可能な音声テキストを使用するようにしましょう。ただし自作のスクリプトなどを作成する場合は、出来る限り自然なコミュニケーションの特徴を持ったものにします。ネイティブスピーカーにチェックをしてもらうことが大切です。

2.3　テストにおけるリスニングの状況

　話し手と聞き手の関係から考えると、何かを聞くという状況は大きく2つに分かれます。1つは、講演や発表のように話し手と聞き手がはっきりと分かれている状況です。もう1つは、友人との会話のように、聞き手と話し手が絶えず交代する状況です。前者は質疑応答の時間を除き、聞き手は一方的に相手の話を聞くことになります。聞き手と話し手のインタラクションはほとんど生まれません。この状況を「非協力的リスニング (non-collaborative listening)」と言います。これに対し会話では、もし聞き手が相手の言っていることがわからない場合、もう一度言ってくれるよう頼んだり、説明してくれるよう求めたりするのが普通です。この状況を「協力的リスニング (collaborative listening)」と言います。定期テストなどでリスニングテストを実施する場合、ほぼこの「非協力的リスニング」の状況で行うことになります。あくまで音声から意味を取り出す能力を中心に評価していることを理解しておきましょう。もし、うまく聞き取れなかった時に対応する方略的能力を見たいのであれば、スピーキングテストを兼ねて、インタビュー形式のテストを実施すれば良いでしょう。

2.4　聞く機会を1回にするか、2回にするか

　実際のコミュニケーションではふつう聞く機会は1回のみであり、2回聞かせるのは不自然であるという意見があります。過去の研究から言えることは、2回聞かせたからと言って必ずしも理解度が高まるわけではなく、テキストの内容や聞き手の熟達度によって結果は異なるということです（飯村, 2014; 片桐, 2014）。また、回数よりも英文間にポーズを入れることで生徒にはインプットを処理する時間が与えられ、より理解し易くなるという結果を

示した研究もあります。しかし教育的な配慮により，大学入試共通テストなどのように，リスニングテストにおいてはテキストを2回聞かせることもよく行われます。2回聞かせることを擁護する意見には，難易度を下げられる，受験者の心理的ストレスを下げられる，詳細を聞かせるタスクなどに適している，留守番電話のメッセージを聞くなど，現実世界でも何かを2度聞くことは起こりうる，などがあります。ただし2回聞かせることはそれだけ時間を費やすことになるので，それよりも問題数を増やして，信頼性を高めることも考えられます（片桐，2014）。この教育的配慮と信頼性のトレードオフ問題を理解したうえで，聞く機会を1回にするか2回にするかは，測定目的，タスクの内容，生徒の熟達度などを考慮して決定しましょう。

2.5　その他の留意点

　ここでは Buck (2001)，静 (2002)，Hughes (2003)，根岸他 (2007)，小泉 (2011) にあるリスニング問題作成における留意点などから，上記に述べた以外の中学・高校の定期テストに関わる留意点を抜粋して紹介します。

・ **解答するために，多量のリーディングやライティングが要求されないようにする（小泉）**

　リスニング以外の要素があまり解答に関わらないように気を付けましょう。できる限り音声テキストの理解が出来たら解答できるような問題を作成します。

・ **個人の背景知識が解答に影響しないようにする（Buck，小泉）**

　設問に解答するために必要な知識は，(1) 受験者みんなが知っている知識，(2) 受験者みんなが知らない知識，(3) 音声テキストに関わる知識，のいずれかにして，個人の知識量に左右されないように気を付けましょう。

・ **設問は音声テキストの時間軸に沿った形で作り，質問した箇所はその後の設問で扱わないようにする（Buck，小泉）**

　1つの音声テキストに複数の設問を付ける場合，音声に出てくる順番で設問を作ります。また，1つの設問で扱った個所は，その後の設問では扱わないようにします。

・各設問に対応する部分が，テキスト内で時間的に十分離れているようにする（小泉）

　上記と同じく，1つの音声テキストに複数の設問を付ける場合，時間的な間隔をとって生徒が解答する時間を十分に確保するようにしましょう。実際に同僚などに聞いてもらい，解答時間が十分にあるかを確認しておきましょう。

・テキストのキーワードは設問項目にも出しておき，テキストの該当部分が出てきたときに集中できるようにする (Hughes)

　テスト項目と音声テキストに重複する部分があったほうが解答はしやすくなります。ある程度の長さがあるテキストの場合，意図的に項目の中にキーワードなどを含めておくと良いでしょう。

・可能な限り，音声テキストが流される状況と聞き手の役割を明確にし，タスクをコミュニカティブなものにする（根岸他）

　もちろん場合によってはある特定の下位技能（音素判別など）を見る場合もあるでしょう。しかしそうでなければ可能な範囲でタスクを現実世界で起こりうる設定にし，聞き手の役割も明示しておきましょう。

・テスト項目に解答するために必要な情報は何かを確認しておく（小泉）

　テキストのどの部分を聞けば，各テスト項目に解答できるのかを確認しておきましょう。解答に必要な情報 (necessary information) がどこにあるかによって問題の難易度は変わってきます。ある一部分を聞けば回答できる問題 (local questions) より，複数個所の情報を統合しなければ解答できない問題 (global questions) の方が難しい問題になります。設問の目的，生徒の熟達度に応じて適切な出題であるかを，必要情報の観点からも考えておきましょう。

❸ リスニングタスクの種類

　ここでは Buck (2001)，小泉 (2011) にならって局所的で文字通りの意味の理解を測るタスクと，文字通りの意味を超えた理解を測るタスクに分けて紹

介します。解答方式は，多肢選択式，空所補充式，自由記述式などがありますが，タスクの種類や生徒の実態に応じて選んでください。

3.1　局所的で文字通りの意味の理解を測るタスク

◎ ディクテーション

　発話を聞いて，書き取るタスクです。テキストは 1 文である場合もあれば，まとまったパッセージの場合もあります。空所の開け方や何回聞かせるかについては，タスクの難易度や生徒の熟達度に応じて決定します。

◎ True or False

　一般常識で判断して，真か偽かを答えさせるタスクです。既習の文法事項などを含んだ文を出題するといいでしょう。内容は誰もが知っているものとし，特定の背景知識がなければ解けないような問題は避けましょう。

　（例）　We should be quiet in the library.　（True）
　　　　A hospital is a place where people enjoy some sports.　（False）

◎ Same or Different

　2 つの発話を聞き，内容が同じか異なるかを答える。これも既習の文法事項が理解できているかどうかを試すために使えるタスクです。

　（例）　(A) Paul wishes John stayed with him.
　　　　(B) Paul does not stay with John.

▶ 正解　同じ

◎ 絵や写真を使ったタスク

　解答にライティングの要素が入らないので，理解した内容をより直接的に測定できます。やり方は以下のようなものがあります。

・1 枚の絵を見て，1 つの記述を聞き，それが正しいか間違っているかを判断する。
・記述を聞き，複数の絵の中から記述と一致したものを選ぶ。
・1 枚の絵を見て，複数の記述を聞き，絵に最も合った記述を選ぶ。

・複数の絵を見て、複数の記述を聞き、それぞれの記述に合った絵を選ぶ。

以下に絵を使ったタスクの例を示します。

① 英文を聞いて、その内容に合う絵（写真）を複数の中から選ぶ。

問題例

レイチェルと政夫が話しています。会話を聞いて、内容を表している絵を選びましょう。

Vivid English Expression II　第一学習社

（流れる英文）

Rachel:　You look exited. What made you so happy?

Masao:　We won the local contest for Haiku Koshien, the National High School Haiku Contest! My haiku was about a bird flying in the blue sky.

Rachel:　Congratulations!

Masao:　Thank you. I'm really happy that my haiku was appreciated.

Rachel:　You know, you have to keep your poetic mind sharpened.

Masao:　I will. But the contest will be tough.

Rachel:　Don't be afraid and do your best!

▶ 正解　b

この形式の問題では、英語の読み・書きの能力が問われず、純粋にリスニング能力にタップしています。

② ある絵（写真）をみて、複数の英文を聞き、絵に合う英文を選ぶ。
　以下は筆者作成例です。

（流れる英文）

a. One of them is raising his left hand.

b. One of them is sleeping in the room.

c. They are entering a meeting room.

d. They are talking with each other.

▶ 正解　a

　この形式の問題では，One of them is making a joke のような，判断しにくい選択肢を避けるように，選択肢の作成において注意しなければいけません。（ちなみに One of them is making a joke は正解になる可能性があります）

③ 英文で聞いた情報と複数の絵（写真）の情報のマッチングを行う。

　問題例

可奈子とポールがそれぞれの友人の夏休みの予定について話しをしています。航紀，由香，トム，リリィの予定に合う絵を選び記号で答えなさい。

　　　航紀（　　）由香（　　）トム（　　）リリィ（　　）

　以下，　a. 飛行機に乗り込もうとしている絵

　　　　　b. サッカーをしている絵

　　　　　c. 図書館で勉強している絵

　　　　　d. 海で泳いでいる絵

二人の会話での情報量と英語の語彙的・文法的レベルを調整することにより，この問題の難易度を調整することが出来ます。あまり解答に関係のない情報を入れすぎると，解答が厄介になるので注意したほうがいいでしょう。

④絵（写真）をヒントとして提示する。
　あくまで，補助的に視覚情報をヒントとして提示し，問題の難易度を下げることも可能です。

問題例

智子がキャンプについて話しています。英語を聞いて，質問に答えましょう。

・*Vivid English Expression II*　第一学習社

（流れる英文）

Do you like camping? My family goes camping every summer. This is a picture which I took at a campground near Lake Biwa. The man who is cutting the vegetables is my father. The girl who is standing next to him is my sister. The best part of camping is the meals we cook and eat outside. Watching stars at night is also what we like very much about camping.

　問　What is the best part of camping for Tomoko's family?

▶ 正解　It's the meals (they cook and eat outside).

　このように絵や写真を見せることにより，解答が易しくなるだけではなく，絵を見て興味や関心を刺激し，モチベーションを上げることが出来ると考えられます。

◎ 会話タスク

　会話を聞いて，主にそのやり取りが意味的に適切な流れになっているかどうかを判断するタスクです。以下のようなものがあります。

・発言とその後の応答を聞き，応答が適切かどうか答える。
・発言を聞き，正しい応答を選ぶ。
・発言や質問を聞き，その後に複数の応答を聞いて，最も適切な応答を選ぶ。
・短いダイアローグを聞き，内容についての短い質問に答える。
・短いダイアローグを聞き，その後に続く適切な応答を選ぶ。

以下は流れてくる英語への最もふさわしい返答を選ぶ問題の例です。

問題例

（流れる英文）

Can you come to the library at 4:30 this afternoon?

　（書かれている英文）
A. I like books.
B. I'm afraid I cannot.
C. It will be fine this afternoon

▶ 正解　B

　解答を含めた選択肢の英文のレベルを生徒のレベルに合うよう調節することが必要です。また，奇をてらった表現は避け，正解はあくまで標準的な返答が良いでしょう（例えば，Oh, the library is too noisy. も返答としては可能性があり，これを正解とするなど）。

　選択肢の英文を読ませるのではなく，これも音声として聞かせて正しい返答を選ばせることもできます。この場合は，最初に聞いた選択肢を忘れてしまう可能性もあり，生徒にとっては負荷が高くなるといえます。さらに2人の会話を聞かせて，最後に聞いた発話に続く返答を選ばせる形式も考えられます。

（流れる英文）

Takeshi:　Thomas, you run very fast!

Thomas:　I think I'm the fastest runner in our class.

Takashi:　If I were you, I would join the track and field club.

Thomas:　I actually don't want to belong to a club. Takashi, you speak English very well.

（選択肢）

A. Thanks, I can run faster than you.

B. Thanks. I like speaking it very much.

C. Thanks. I want to run fast.

▶正解 B

これも選択肢を英文として提示するか，聞かせるかにより問題の難易度が変わってきます。英文そのもの難易度と，聞かせるかあるいは読ませるかの違いにより，生徒のレベルに合わせ作成するといいでしょう。

3.2　文字通りの意味を超えた理解を測るタスク

◎ 要点の理解

　まとまった長さがあるテキストを聞き，局所的な理解ではなく，全体の要点をとらえるタスクです。

・ある事物についての説明を聞き，それが何であるかを答える。

・あるまとまった録音テキストを聞き，それが何についての情報だったかを答える（例 ～についてのニュース，～についての広告など）。

◎ 一般的な音声テキストの理解

　まとまった長さの英文を聞かせ，その内容に関する質問に答えてもらう問題です。会話文の場合は，2 人の会話の音声を流し，その会話の内容に関する質問と選択肢を問題用紙に書いておきます。これも，その質問と選択肢を音声にして難易度を上げることも可能です。しかしながら，その場合は相当

な負荷が生徒にかかっていることを承知しなければいけません。アナウンスやスピーチなどの説明文を聞かせ，内容について問う問題も一般によく用いられています。モノローグを聞き，その要約を読んで，その中の空欄を埋める。または話し手の主張などをまとめるなどの問題もあります。このような問題を定期考査で出題するためには，日ごろからまとまった長さの英語を聞かせて，メモを取ることに慣れさせておくことも必要でしょう。

　質問の種類としては，第8章でも扱いましたが，明確に発言された情報を聞き取り解答する "Right there" 型，いくつかの情報を統合して答えを導き出す "Think and search" 型，そして，聞いた内容に関することを生徒自身に考えさせ，意見や考えを書かせる "In your head" 型の質問が考えられます。しかしながら，リスニングはリィーディングと違い，得た情報が視覚的に残っていないという難しさを考慮すると "Think and search" 型問題を出す場合は，あまり複雑な思考を要求しないように作問するのがいいでしょう。また，聞き取った内容をもとに意見を述べるという "In your head" 型はコミュニケーション能力育成という観点から非常に重要ですが，聞き取れたのに書くことが出来ないという状況もありうることを承知していなければいけません。

◎情報移転タスク
・ 道案内を聞きながら与えられた地図をたどり，到着地を答える。
・ 情報のアナウンス（留守番電話のメッセージ，空港のアナウンス，天気予報など）を聞き，必要な情報を表に書き込む。

　問題例
空港のアナウンスを聞き，解答欄の空所を埋めなさい。

（流れる英文）
Ladies and gentlemen, ABC Airline Flight 123 to Los Angeles is now boarding. Would all passengers please proceed to gate 74? Thank you.

（解答欄）

便　　名	行　　先	搭乗ゲート番号
ABC Airline Fight 123		

▶正解　行先 Los Angles　搭乗ゲート番号 74

タスク 20
グループで分担し，1. 絵（写真）を用いた問題　2. 返答問題　3. 内容
理解問題を作成し，意見交換してみよう。

第13章

ライティングテストの作成

　英語ライティングテストの目的は，生徒が英文をいかに「よく書けるか」を測定することです。この「書く」という行為は「話す」と同様に，書き手の置かれた状況と書く目的によってさまざまに異なってきます。すなわち，誰に向かって，どのような目的で，どのような内容を書くかにより求められる語彙や文体，トーンなどが大きく変わってきます。友人にメールを打つ場合はかなりくだけた話し言葉に近い文章になることが多いでしょう。一方，仕事上で取引先に連絡のメールを送る場合は，話し言葉とは異なり，ある程度の丁寧さが求められる文章になります。ライティングテストは，そうした目的に合った文章が適切に書けているかどうかを測定するものでなければなりません。リーディングテストと同様に，中学・高校の英語授業でライティング力を測定したいのであれば，誰に向けて，どのような英文を，どのくらいの分量で書かせたいのかを明確にしておく必要があります。

　ヒューズ (Hughes, 1989, p. 75) によれば，「ライティング能力を測定する一番の方法は，書かせること ("the best way to test people's writing ability is to get them write")」だそうです。何らかのライティングタスクを与え，生徒に文字によってまとまった文章を産出させることが，一番直接的なライティング力の測定方法でしょう。しかし日本の中学・高校における英語教育では，英語でまとまった文章を書かせるという指導が積極的に行われていない

という状況が長く続きました。その代わりに，テストでは多肢選択式や並べ替えによる整序問題，一文単位の和文英訳問題などの間接的なライティングテストが多用されてきました。理由の一つは，日本人中学生・高校生の多くが，測定可能なまとまった英文を書けるレベルには到達していないと考えられていたことです（相澤，2001）。日本語で身につけた様々な書く技能を英語で使用できるようなレベル（閾値）には達していないので，習った語彙や文法を正しく用いることができるかという形式面がもっぱら重視されたのです。別の理由としては，直接ライティングテストの実用性が低いこと，すなわちまとまった文章を評価するためには大変な時間と労力を割かなくてはならないことです。さらに，書かれた文章を客観的に採点することの難しさも，直接的なライティングテストを阻んできた大きな理由の一つと言えるでしょう。

　しかしグローバル化の進展に伴い，海外の人と英語でメールのやり取りをしたり，SNS で世界に向けて英語で発信したりするなど，私たちにとってまとまった英語の文章を書く機会は格段に増えています。この流れを受けて，形式における正確さを重視したライティング指導から，意味内容を流暢に伝えるライティング指導への転換が求められるようになってきました（杉田，2014）。学習指導要領においても，自分の考えや気持ちを伝えるための，まとまった文章を書く指導が明記されるようになっています。アメリカ合衆国をはじめとして，世界でライティングにおける直接テストや評価法の研究もここ数十年で格段に進歩しました。こうした変化の中で，日本の中学生・高校生に身につけさせたい英語ライティング力とは何か，またそれをどのように測定するのかについて，この章では考えていきます。

❶ 中学・高校で求められる英語ライティング力とは

　母語の習得において，子供たちは「聞く・話す」という話し言葉の基礎を 4 歳くらいまでに身に着けてしまいます。これに対して「読む・書く」という書き言葉の習得にはより長い時間がかかります。現代では，ほとんどの子供が主に学校教育を通して書き言葉の技能を身に着けていくことになります。書き言葉の習得を通して，子供たちは日常の会話で使われる「日常言語 (everyday language)」から，物事を論理的に説明したり，他者を論破したり

する「規範言語 (normative language)」を身に着けるための長い旅路を歩むことになるのです (松村, 2009)。いわゆるカミンズの言うところの「基本的対人コミュニケーション能力 (Basic Interpersonal Communication Skills, BICS)」から「認知学術的言語能力 (Cognitive Academic Language Proficiency, CALP)」を身に着けていくまでの過程と言えるでしょう (Cummins, 1980, 1984)。「読むこと」にくらべて「書くこと」を身に着けるにはさらに時間がかかります。メッセージを理解するより，発信するときのほうがより深い言語知識と背景知識を身につけていることが要求されるためです。まさに書くことが人の思考過程を鍛えると言えるでしょう（大井他, 2008）。また，上述したように，状況や目的によって書く内容や書き方というのは大きく異なってきます。人が一生のうちどのような文章をどのくらい書くかは，その人がどのような人生を歩むかによって大きく異なります。日常生活で会社や役場に提出する書類以外はほとんどまとまった文章を書く機会のない人もいれば，一語一句にこだわり，独自の文体を生み出すことに命を削る作家もいます。このように，時間がかかり，個人差が大きい「書く力」をどの程度まで身に着けさせるかは，母語においても難しい問題と言えます。

　英語教師のつらいところは，まだ英語の話し言葉の基礎も完全ではない生徒たちに，同時進行で書き言葉を教えていかなければいけないところにあります。母語においてはふつう，人は読んだり聞いたりして理解できる語彙知識（受容語彙知識）を大量に持っています。これに対して話したり書いたりするときに使える語彙知識（発表語彙知識）は，より深い知識が要求されるために受容語彙知識に比べると限られたものになります。母語では，子供が話し言葉の基礎を身に付けた後で，ゆっくり書き言葉の指導をしてあげることができます。しかし中学・高校の英語教師は，生徒が身に着けた受容知識をすぐに発表知識へと変換できるような手助けをしなければなりません。語彙でいえば意味が分かるだけでなく，コロケーション，文法的知識，使用時の制約なども理解できなければ，書くことに使えないのです。文法ならある程度汎用的なルールとして学べますが，コロケーションなどは理屈ではないので，大量のインプットに触れてチャンクとして覚えるしかありません（例えば，a tall order とは言えるが *a short order とは言えない，など）。基本的には教えた文法・語彙の範囲内で，書くためにはどうしたら良いのかを指導していくことになりますが，なかなか大変な作業です。

英語でまとまった文章を書くために必要な知識を，もう少し詳しく考えてみましょう。まずは言語知識，談話知識，社会言語知識の３つが必要になります。ウィーグル (Weigle, 2002) を元にして，３分野の知識を下図のようにまとめてみました。

言語知識	談話知識	社会言語知識
・書記体系に関する知識（正書法・綴り・発音・形式上の決まりなど） ・音韻論・形態論に関する知識（文字と音のつながり・音節・語根や接辞の知識など） ・語彙に関する知識（対人的・学術的・専門的・比喩的な語彙の知識など） ・統語・構造に関する知識（基本的文型・フォーマルな文章構造・比喩的表現など） ・言語間の違いに関する知識	・つながりを示す指標 (marking devices) に関する知識 ・情報構造に関する知識 ・節間の意味関係に関する知識 ・主題を認識することに関する知識 ・ジャンルの構造やその制約に関する知識 ・全体構造に関する知識 ・推測に関する知識 ・言語や文化における談話構造の違いに関する知識	・書き言葉の機能的使用に関する知識 ・会話の一般的パターンに関する知識 ・語句の使用域と状況に応じた表現に関する知識 ・社会や文化による言語使用の違いに関する知識

（Weigle，・2002 を改変）

　日本の英語教育におけるライティングテストは，主に上記の言語知識を測定しようとする傾向がありました。しかしコミュニケーション能力を重視するのであれば，一貫してまとまった文章（談話知識）を，相手に応じて適切に書けるかどうか（社会言語知識）も考慮して測定していく必要があります。さらに，測定することは難しいですが，文章を書くには話題に関する背景知識 (topical knowledge)，書き手の意欲 (motivation)，辞書の使い方などの方略的知識 (strategic knowledge) にも大きく影響を受けることを，出題側は意識しておく必要があります。

　このようにライティングには多岐にわたる知識が必要とされますが，中学・高校ではどういったライティングの力が求められているかを，学習指導

要領から考えてみます。まず中学校英語に関して，2017 年公示の学習指導要領中学校英語から「書くこと」の目標を抜き出してみます。

ア 関心のある事柄について，簡単な語句や文を用いて正確に書くことができるようにする。

イ 日常的な話題について，事実や自分の考え，気持ちなどを整理し，簡単な語句や文を用いてまとまりのある文章を書くことができるようにする。

ウ 社会的な話題に関して聞いたり読んだりしたことについて，考えたことや感じたこと，その理由などを，簡単な語句や文を用いて書くことができるようにする。

　小学校で文字指導が導入されることに伴い，それまでの指導要領にあった「文字や符号を識別し」や「語と語の区切りに注意して」といった文言がなくなっています。書く内容としては，「関心のある事柄」「日常的な話題」に加えて「社会的な話題」が上がっています。そうしたトピックを「簡単な語句や文を用いて」，「まとまりのある文章」にすることが求められています。習った語彙や文法事項を使用しながらも，以前に増してまとまりのある文章の中で自分の気持ちや考えを表現することが求められていることがわかります。

　さらに，「言語活動に関する事項」の「書くこと」においては，以下のような 4 つの言語活動を行うように求めています。

(ア) 趣味や好き嫌いなど，自分に関する基本的な情報を語句や文で書く活動。

(イ) 簡単な手紙や電子メールの形で自分の近況などを伝える活動。

(ウ) 日常的な話題について，簡単な語句や文を用いて，出来事などを説明するまとまりのある文章を書く活動。

(エ) 社会的な話題に関して聞いたり読んだりしたことから把握した内容に基づき，自分の考えや気持ち，その理由などを書く活動。

具体的にどういったことを書かせるかについて，以前よりも踏み込んだ内容が示されています。1 つ目は，自分に関する情報を発信することです。自己紹介の形で自分の趣味や好き嫌いについて書かせることや，手紙やメールといった形式で，近況について書かせる活動をすることが求められています。2 つ目は日常的な話題を描写したり説明したりする活動です。教科書の内容を再現させたり，要約させたりする活動が考えられます。3 つ目は，社会的な話題について自分の考えや気持ちを，理由も含めて書かせる活動です。教科書で読んだ内容に関して，どのように思うかを単一もしくは複数の段落にまとめて書かせる活動などが考えられるでしょう。中学校のライティングテストでは，上記 3 つの話題を中心に，まとまった文章を書かせるような出題をしていく必要があります。

　高校に関しては，2018 年度版の学習指導要領における，英語コミュニケーション I の「書くこと」に関する指導事項を抜き出してみます。

ア　日常的な話題について，使用する語句や文，事前の準備などにおいて，多くの支援を活用すれば，基本的な語句や文を用いて，情報や考え，気持ちなどを論理性に注意して文章を書いて伝えることができるようにする。

イ　社会的な話題について，使用する語句や文，事前の準備などにおいて，多くの支援を活用すれば，聞いたり読んだりしたことを基に，基本的な語句や文を用いて，情報や考え，気持ちなどを論理性に注意して文書を書いて伝えることができるようにする。

　話題については日常的な話題・社会的な話題に絞られています。使用する語句や文に関しては，中学での「簡単な」から「基本的な」語句や文へと変更されています。このため，「多くの支援」を教師が与えるべきことが示唆されています。また，「論理性に注意して」文章を書くことか求められています。英文パラグラフの基本的な構成に従って書くこと，一貫性・結束性を意識して，ディスコースマーカーなどを効果的に使って書くこと，事実と意見を区別して書くことなどが高校では求められています。さらに「社会的な話題」に関しては，聞いたり読んだりした内容を基に書かせる技能統合的な

指導も求められます。中学校で指導する内容を発展させて，日常的な文章からさらにアカデミックな，論理的に一貫した文章を書かせることを求めるような出題を考えていかなければなりません。

「英語コミュニケーションⅠ」における言語活動に関する事項の「書くこと」では．以下の様な活動をすることが求められています。

(ア) 身近な出来事や家庭生活などの日常的な話題について，使用する語句や文，文章例が十分に示されたり，準備のための多くの時間が確保されたりする状況で，情報や考え，気持ちなどを理由根拠と共に段落を書いて伝える活動。また，書いた内容を読み合い，質疑応答をしたり，意見や感想を伝え合ったりする活動。

(イ) 社会的な話題について，使用する語句や文，文章例が十分に示されたり，準備のための多くの時間が確保されたりする状況で，対話や説明などを聞いたり読んだりして，情報や考え，気持ちなどを理由や根拠と共に段落を書いて伝える活動。また，書いた内容を読み合い，質疑応答をしたり，意見や感想を伝え合ったりする活動。

先の指導事項で述べられた「多くの支援」の例が述べられています。まずは語彙に関する支援です。中学校までで習った高頻度の 2,000 語程度を発表語彙として使わせたり，それに続く高頻度語を導入したりすることが考えられます。特に論理的な文章でよく使われる語彙に関しては，the Academic Word List (Coxhead, 2000) などを参照に指導するといいでしょう。また，文章例を示し，主題文 (topic sentence) で始まり，本文 (body)，結論 (conclusion) と続くパラグラフの構造などについて指導します。十分に書く時間を与え，書いたものをペアやグループで発表させ，他の生徒からフィードバックをもらって書き直すといったプロセス・ライティングを実施していくことが求められています。　以上をまとめますと，中学・高校では学校で習った言語材料を用い，自分についての情報を伝えること，聞いたり読んだりした日常的および社会的な話題を自分の言葉でまとめて伝えること，さらにそれらに対する感想や意見を伝えることが求められているライティング能

力と言えるでしょう。さらに高校では中学の内容を発展させ，より論理的に
規範言語を用いて書くことが求められています。確かに中学・高校生はまだ
まだ英語の初中級学習者ですから，整序英作文，和文英訳といった従来の間
接的な測定を完全に排除するわけにはいかないでしょう。しかし，それらは
あくまで助走であり，より現実のコミュニケーションに近い形の，まとまっ
た文章を書かせることで直接的にライティング能力を測定することが求めら
れているのです。

❷ 中学・高校におけるライティングテスト作成にあたっての留意点

　ウィーグル (Weigle, 2002) は，ライティングテストの作成段階を設計段階
(design stage)，操作段階 (operationalization stage)，実施段階 (administra-
tion stage) の 3 つに分けています。設計段階では生徒のどのような書く能力
をどのように測定したいのかを決定します。操作段階では，その能力をどの
ようなタスクで測定するかを決定し，具体的なテスト細目を作成し，時間配
分，生徒への指示，評価基準などを決定します。実施段階では必要に応じて
予行テストを実施し，実際のテスト及び採点を行います。評価基準やタスク
の種類については後述することとして，ここでは作成にあたっての全般的な
留意事項について述べたいと思います。

2.1　測定したい能力を明確にし，それを引き出せるようなタスクを設定する
　　　(Hughes, 2003)

　きちんとした語順で文を組み立てる能力が見たいなら整序英作文，既習の
文法項目を使って文を産出できるかどうかを見たいなら和文英訳などの言語
的知識を見る問題を出題しても良いでしょう。書く能力を直接測定したいの
なら，まとまった文章を書かせるタスクを与えましょう。その際には生徒が
持っている能力をきちんと発揮できるようなタスク設定にする必要がありま
す。誰に向けて，どのような内容を，どういった形式で，どの程度の分量で
書くのかが明確に伝わるようにしましょう。そのためにはどの程度の時間が
必要かも出題側が理解しておく必要があります。テストに出題する前に，テ
ストとは関係のない生徒や同僚の協力を得て，タスク遂行にどの程度時間が
かかるかを把握しておきましょう。それが無理であれば，普段の授業で類似

のタスクを出して，必要時間を測定しておきましょう。

2. 2 タスクの設定を明確にし，現実のコミュニケーションを意識したものにする（根岸，2007）

　できれば生徒が現実世界で出くわすであろう「書く場面」を設定してあげたいものです。タスクの真正性を上げるには，現実での目標言語使用領域 (target language use domain) を意識した出題をすることが大切です。確かに日常生活の中で英語を使用することが少ない EFL 環境では，ふんだんに英語の使用がある ESL 環境に比べて，真正性が高いタスクを考えるのは容易ではありません (Weigle, 2002)。しかし，(1) 誰に向かって，(2) どういう目的で書くのかを指示するだけでも，ライティングタスクをよりコミュニカティブにすることは可能です。例えば自己紹介タスクでも，設定を明確にするだけでかなり真正性，ひいては生徒の書く意欲も変わってきます。下の 2 つの課題指示文 (prompt) を比較してみてください。

(a) 「自分のことを紹介する文を，英語で 5 文以上書きなさい」
(b) 「これからあなたはアメリカのロサンゼルス市にあるジョンソンさん一家に，1 週間ホームステイをすることになりました。自分のことを紹介するメールを最低 5 文以上で書きなさい。自由に書いて構わないが，食べ物の好き嫌いや，向こうでやってみたいこと，ジョンソンさん一家に尋ねてみたいことがあればそれを含めて書くこと。下にジョンソンさん一家についての情報があるので，参考にしてください」

The Johnsons
Memebers (Age): George (40), Ellen (38),
Joan (12), Billy (7)
Address: 1402 Lincoln Street, Los Angeles
Th ey live in a large house with a swimming
pool. Th ey have a dog and a cat.

(b) のように具体的に書く場面を設定することにより，真正性と相互作用性 (interactiveness) が上がり，よりコミュニカティブなタスクになります。読み手を設定することで，相手の立場に立って理解してもらうためにはどうしたらいいのか，と書き手が想定上の読み手との自己対話（大井他，2008）をしながら文章を書くためです。このほうが生徒の意欲を引き出すこともできるのではないでしょうか。

2.3　個人の持つ背景知識の差で結果が大きく変わらないように配慮する

　何かの話題についてまとまった文章を書く場合，その話題に関する書き手の知識が文章の出来に大きく影響します。学校でライティングテストを実施する場合，個人の背景知識によって大きな得点差が生まれないようにする配慮が必要です。全員が授業で学習した事柄に対して感想や意見を求めるのであれば，問題はないでしょう。またはタスクの資料として，表やグラフなどを使って情報を全員に与えてしまえば，個人差を抑えることができます。逆に全く授業では取り扱っていない特定分野の話題を出題すると，個人の背景知識が大きくものを言います。書ける力があってもその話題についての知識が乏しいため，その力を発揮することができない生徒が出てきてしまうかもしれません。背景知識の影響をゼロにすることは不可能ですが，できるだけ生徒全員が公平に取り組めるタスクを考えましょう。

2.4　採点がしやすく，信頼性が高い評価基準を作成する

　スピーキングテストもそうですが，パフォーマンステストで信頼性を確保するのは難しいことです。ライティングテストでは，整序問題などの間接的なテストは採点も簡単で高い信頼性を保つことができますが，まとまった文章を評価するのは時間と労力がかかり，一貫して客観的に採点するのは容易ではありません。採点の信頼性を高めるためには，生徒に複数のタスクを課したり，採点は複数の訓練された評価者で行ったりすることが重要と言われています (Weigle, 2002)。しかし中学・高校の現場を考えると，多くの場合は一人の先生で多くの生徒の書いたものを評価しなければならないのが現状でしょう。その場合でも信頼性を確保するためには，明確な評価基準を作成しておくことが重要です。評価には大きく全体評価 (holistic evaluation) と分析評価 (analytic evaluation) があります。前者は書かれた文章全体の印象

から，それをいくつかの段階に分けて評価する方法です。後者は評価項目をいくつか定め，それぞれの項目に段階的基準を設定する方法です。どちらの方法であっても，目標基準準拠テスト（第1章参照）として基準を作成するのが，パフォーマンステストの基本になります。その時点での到達目標を基準として，どの程度達成していればどの段階に位置するのかという尺度 (scale) を設定します。各尺度を表す記述をディスクリプタ (descriptor) といいます。評価目標の元に尺度及びディスクリプタをまとめて総合的に評価基準を記したものがルーブリック (rubric) です。このルーブリックを明確に作成しておき，評価者が迷わずに判断できるようにしておくことが大切です。A，B，Cという3尺度で評価するなら，それぞれの尺度がどの程度のパフォーマンスを要求するのかを明確に書き表しておきます。それぞれのディスクリプタが本当に機能するかを確認するためには，予想される文章の例をいくつか作り，簡単に判断ができるかどうか試してみると良いでしょう。できれば同僚の先生の協力を得て，うまく評価ができるかを試してもらうといいと思います。

　また，一人で複数の生徒の文章を採点する場合，他の生徒が書いた文章の影響を受けてしまう可能性があることも心に留めておく必要があります (Weigle, 2002)。例えば，あまり出来が良くない文章が続いた後に出来の良い文章に出合うと，評価が高くなる傾向が見られます。逆に，出来の良い文章が続いた後に出来の良くない文章に出合うと，評価が低くなる傾向も見られます。これを防ぐためには，全体の採点が終わった後で，同じような点数が付いた文章を比較し，評価に大きなばらつきがないかをチェックしてみると良いと思います。

2.5　指示を明確で理解可能なものにする

　整序問題や和文英訳などの間接的なライティング問題の場合は，受験者が行うべきことが明確なので，とくに指示についても問題は起こらないでしょう。しかし，まとまった文章を書かせるタスクの場合は，どのような課題であるか，すなわち受験者が何を求められているかを簡潔かつ明確に伝えなくてはなりません。こうしたライティングタスクが求める条件（内容・長さ・時間制限など）を明記したものを課題指示文 (prompt) と言います。日本語であれ英語であれ，こうした指示がしっかりと生徒に伝わるような課題指示文にするよう気を付けましょう。上で述べたように，よりコミュニカティブ

な課題にするためには，誰に向かって，どのような状況で書くのかも課題指示文に示されていることが望ましいと思います。

❸ 評価基準の作成

　ここでは採点の容易な整序問題といった間接的なライティング問題ではなく，自由英作文のような，まとまった英文を書かせる直接的なライティング問題の評価について取り上げます。先述の全体評価及び分析的評価の利点と弱点を取り上げるとともに，中学校などで広く使用されている減点法（根岸，2009），その対案としての加点法，及びポートフォリオ評価について取り上げます。

3.1　全体評価 (holistic evaluation)

　受験者の書いた文章の全体的印象を1つのスコアにして表す評価方法です。スピーキングのようにその場で即座の判定が求められない分，尺度の幅はその目的によって柔軟に設定することができます。利点は採点者の負担が少ない，すなわち実用性が高いということです。全体印象という1つの観点しかないので，採点者にとっては時間をそれほどかけずに評価することができます。弱点は，生徒の受け取る情報が少ないことです。今後どういった点に注意して書いていけばいいのかなどの診断的情報が乏しいため，教育的な配慮に欠けるという批判があります。

　尺度を何段階にするかは，測定目標やタスクの内容によって判断しましょう。明確な基準を一覧に記したルーブリック (rubric) をあらかじめ作成しておきます。流暢性（書かれた分量）を重視するか，正確性を重視するかは，測定目標や生徒の到達度によって変わってきます。どういう力を見たいのかを基に，各段階の行動基準を書き記したディスクリプタを作成しておきましょう。テスト前にどの程度書ければどういう評価になるのかについて，生徒に知らせておくのが良いでしょう。ヨーロッパ共通参照枠 (Council of Europe, 2001) や，CEFR-J（投野，2013）が参考になります。

3.2　分析評価 (analytic evaluation)

　複数の評価項目から受験者の文章を評価する方法です。それぞれの項目に

ついて上記の全体評価と同じく数値的な段階尺度を定めて評価します。利点は，生徒に診断的な情報を各項目に沿って与えることができ，生徒の意欲を醸成する効果が期待できることです。弱点は，評価が煩雑になってより時間がかかり，採点者の負担が多くなることです。また煩雑で時間がかかることから一貫して客観的な判断を下すことが難しくなり，それに伴って信頼性の低下が心配されます。信頼性を確保するためには，それぞれの段階での明確な行動基準を示したルーブリックをきちんと作成しておくことや，ある程度の枚数（10 枚程度）評価を下したら，同じような点数をつけた答案の質に大きなばらつきがないかをチェックすることが大切です。

　どのような評価項目を設定するかについては，測定したい能力，生徒の発達段階に応じて決定します。一時期広く用いられていた Jacobs, et al. (1981) の ESL Composition Profile では，内容 (content)，構成 (organization)，語彙 (vocabulary)，言語使用 (language use)，文章作法 (mechanics) の 5 つの下位項目を設けていました。現在は文章の複雑さ (complexity)，正確さ (accuracy)，流暢さ (fluency) を基準とした CAF やそれに語彙 (lexis) の観点を加えた CALF という評価項目が良く用いられています。日本の中学・高校におけるライティングテストでは，内容・構成・語彙の他に文法・綴りといった項目が用いられることが多いようです。項目はあくまで指導目標を反映したものにしましょう。また，後述しますが，最初からあまりに語彙・綴り・文法などの正確性を重視しすぎると，生徒の意欲をそぐ可能性があることにも気を付けなくてはなりません。

3.3　減点法と加点法

　かつて中学校の和文英訳の問題などでは，形態素の誤り（3 単元の s が抜けているなど）や綴りの誤りなど 1 か所につき 1 点減点する，といった減点法式の採点がなされることが多く見られました。もちろん既習の文法項目の正確性を見るということが目的であるなら，こうした減点法を用いることも時には行って良いかもしれません。しかし初中級者の英語学習者に自由英作文などのまとまった英文を書かせる場合は，減点法を使うのは避けたほうが良いでしょう。なぜなら，この場合は負の波及効果があまりに大きいからです。まとまった文章の評価に減点法を持ち込むと，よりたくさん書いた生徒が少ししか書かなかった生徒よりも評価が低くなる可能性が大きくなってし

まいます。正確性だけにこだわってしまうと，間違いを恐れずに新しいこと
に挑戦している（面白い文章を書く）生徒が，間違いを恐れて似たような文
を繰り返し書いている（単調な文章を書く）生徒よりも得点が低くなってし
まうことが起こりえます (Sato, 2007)。

　私たちは母語であっても多くの書き間違いをします。スピーキング，ライ
ティングといった発表技能は，間違いながらうまくなっていくものです。最
初から完璧に話したり書いたりできる人は（母語であっても）誰もいません。
まずはたくさん話させる，書かせることが大切です。筆者は教えている学生
たちに "Making mistakes is a natural process of language learning." と常に言
っています。まずはたくさん書いてみようという意欲を持たせることが，ラ
イティング指導において最重要だと考えます。減点法はそうした意欲をそい
でしまう危険性を持っています。まとまった文章を評価する場合は，減点法
より加点法を採用してはどうでしょうか。複文などの難しい構造を使ってい
たらプラス 1 点，既習の文法項目を使っていたらプラス 1 点，教科書に出て
いない語句を使っていたらプラス 1 点，といったように加点をしてあげます。
最高点は 10 点とする，というように上限を決めておけば，青天井に点数が
増えることもありません。自由英作文の採点によってコミュニケーションに
対する積極的な態度を育てるためには，減点法よりも加点法を採用するほう
がいいと思います。まずは流暢性（量）を重視して，次第に正確性を加味し
ていく，といったほうが生徒の意欲を伸ばすことにつながるでしょう。

3.4　ポートフォリオ評価

　ポートフォリオとはもともと携帯用の書類入れのことです。ライティング
評価においては，生徒がある一定の期間にわたり，様々な目的に応じて書い
た文章のコレクション (Weigle, 2002) を意味します。1 回きりの制限時間内
に書いた文章のみで評価するのではなく，こうした様々な文章群によって
生徒のライティング力を評価しようというのが，ポートフォリオ評価です。
様々な課題に対する複数の文章から能力を評価するので，構成概念妥当性，
真正性，相互作用性が高く，正の波及効果を与えやすいという利点がありま
す。欠点は，大量の文章から判断しなくてはならないので，客観的判断が難
しく，信頼性が確保しにくいことと，評価者の労力が過大になり，実用性が
低くなるということです。

山西 (2011) は,「指導と評価という観点から学習者一人一人のライティングの発達をよりよく見極めていくためには, このポートフォリオ評価はきわめて有効な指導と評価のツールであると言える (p. 221)」と主張しています。筆者もこの評価の有効性に関しては同意見です。しかし, 多忙な中学・高校の先生方が生徒一人一人のポートフォリオを質量ともに丁寧に評価するのはほぼ不可能でしょう。ですから, 書いた量を中心に平常点として評価してはどうでしょうか。学期内で生徒にいくつかのライティング課題を課し, 可能な範囲でのフィードバックを与え, それを紙ファイル等にとじさせておきます。課題の提出の有無, 及びその分量によって平常点に加点するようにします。最近では Google Classroom や Microsoft Teams といった学習管理システムを利用し, 課題を電子ファイルで提出, 管理することも可能です。これに定期テストのライティング問題の成績を加味して学期ごとの成績を付けることで, より多角的に生徒のライティング力の測定ができるのではないかと思います。

4 ライティング問題の形式例

　ここでは言語知識測定を中心にした間接的なライティング問題と, まとまった文章を書かせる直接的なライティング問題に分けて取り上げていきます。

4.1 間接的なライティング問題
◎ 整序問題
　いわゆる並べ替え問題です。多くの場合は正しい語順で文が書けるか, つまり教えた文法項目の統語的知識が身についているか, というライティングの下位技能を測定する目的で出題されます。第 6 章で述べているように,「正しく並べたときに〇番目に来る語を書きなさい」という出題は避けましょう。本当に正しい文が産出できることの証明にはならないからです。きちんと全文を書かせるようにするべきです。同様に,「正しく文を並べたときに, 一語余分な(不足している)語がある。その語を解答欄に書きなさい」といった出題も, 統語的に正しく並べるとは無関係に解答できる場合があるので避けたほうが良いでしょう。
　若林・根岸 (1993) は整序問題には次の 4 種類があるとしています。

(1) 並べ替えて作る文の日本語訳が書いてあるもの

(2) その文が出現する文脈が書いてあるもの

(3) 文脈の中で日本語訳も書いてあるもの

(4) そのいずれでもないもの（日本語も文脈もなく，受験者が自分で書かれている意味を類推して文を作る）

　日本語訳を付けるかどうかは出題の意図と，生徒の熟達度により判断すれば良いでしょう。コミュニケーションという観点からすると，可能であれば文脈はつけたほうが望ましいと思います。その文がどのような状況で使用されるか，使用する人物がどのような状況に置かれているかを生徒に考えさせたほうが，コミュニケーション能力を伸ばすためには効果的です。下の例を見てください。

日本語の意味になるように，下の語句を正しく並べ替えて解答欄に書きなさい。ただし文の先頭に来る語の頭文字も小文字にしてある。

「彼女ならそんなことを絶対しなかっただろうよ」

a thing, wouldn't, done, have, she, such

次は上記の問題に文脈を付けたものです。

下は高校生の Jenny が友人の Miki と電話で話した内容です。日本語の意味になるように，（　　）内の語を正しく並べ替えて解答欄に書きなさい。ただし文の先頭に来る語の頭文字も小文字にしてある。

　Hi, Miki. This is Jenny. This afternoon, Jim told me he was really angry with Ms. White. He said she ignored him when he asked her a question. I don't believe him! (a thing / wouldn't / done / have / she / such). Ms. White is always so nice and kind to us all! I'm guessing he must be wrong.

　What do you think?

文脈を付けることでリーディングの要素も入ってきますが，どういう場面でその表現が使用されるのかを理解させるという点で，下のほうがコミュニカティブになっていると言えるでしょう。

◎ 和文英訳

　和文英訳は出題が容易なので，定期テストなどでよく使用される問題です。たいていは一文単位の日本語が示され，それを英語に訳すように求める場合が多いでしょう。文法シラバスの教科書を使って教える中学・高校の教師には，既習の文法事項を含めた出題がしやすいことも，多用される一因でしょう。この形式も気を付けて出題しないと，生徒に負の波及効果を与えてしまいます。若林・根岸 (1993) では，文脈が与えられていないので，どういう意図でその文が使用されているかわからないこと，1つの日本文に対する「定訳」は存在せず，複数の回答が想定されること，を問題点として挙げています。従って，出題する場合はできるだけ文脈を付けること，想定された解答でなくても意味が通れば得点を与えること，の2点が重要です。例えば「彼がここにいてくれたらなあ」を英語に直しなさい，という問題（求めている答えは "I wish he were (was) here."）であれば，下のようにしてみてはどうでしょう。

あるパーティーでAとBの二人が会話をしています。（　　）内の日本文を英語に直しなさい。

A: This party is boring. It's so quiet.
B: Yeah. We need somebody to make the party exciting.
A: Do you remember Jim? He is always cheerful and makes the party lively.
B: You are right.（彼がここにいてくれたらなあ。）

この場合，I want him to be here. など，想定した答えでなくても，意味が通るのであれば正解とします。あくまで自然なコミュニケーションとして成立するかどうかを判断基準とすべきです。

◎ 文補充問題（根岸，2009）

　まとまった文章の枠組みだけを与え，空所に文を補充させる形式の問題です。より直接的な問題への橋渡しとも言えるでしょう。下はその一例です。

これから行く修学旅行で，してみたいことを ALT に説明します。空所を埋めてしたいことを3つ書きなさい。ただし，空所には文を2つ以上入れてもよい。

I want to enjoy the school trip.

First, ＿＿＿＿＿＿＿＿＿＿＿＿＿＿＿＿＿＿＿＿＿＿＿ :

Second, ＿＿＿＿＿＿＿＿＿＿＿＿＿＿＿＿＿＿＿＿＿ .

Third, ＿＿＿＿＿＿＿＿＿＿＿＿＿＿＿＿＿＿＿＿＿＿ .

I'm sure it's going to be a great trip.

Thank you.

4.2　直接的なライティング問題（まとまった文章を書かせるライティングタスク）

　中学・高校共に，3年間を通じて各定期テストでどのようなタスクを与えるか，考えておくといいでしょう。既習事項と関連付けて，どういった能力を見たいか，どういった内容のものを書かせたいかを決定しましょう。中学校1年生であれば，1学期末は「自己紹介を書く」，3単元の学習が終わった2学期末では「好きな人・物について説明する」，過去形の学習が終了した3学期末では「先週の休日にしたことを説明する」などのタスクを与えられるかもしれません。高校生になれば，もう少しアカデミックな内容を意識し，「写真などを描写する段落を書く」，「筆者の意見に賛成か反対かを書く」，「2つの対照的なものを比較対照する段落を書く」，「ある出来事の因果関係を書く」，「資料を読み取って書く」などのタスクが考えられるでしょう。いずれにせよ測定したい能力を明確にして，それにそって評価基準を定めるようにします。以下にいくつかの例を示します。

◎ 好きなものを説明するタスク

> 自分の好きな人・物を1つ選び，それについて ALT のアリシアさんに，5文以上で説明しなさい。最初の文は I like ... で始めること。意味が理解でき，間違いのない文は2点，意味は分かるが間違いがある文は1点，まったく意味が通じない文は0点で採点します。5文以上いくつ書いても構いませんが，最高点は10点とします。

中学校1年生くらいを想定しています。採点基準を文中に示し，たくさん書いた方が高得点につながることを示しました。欠点としては，同じような単文の繰り返し (He is cool. He is interesting. He is handsome.) になる可能性があるところです。ただ，この時点であればたくさん書かせること（流暢性）を優先しています。

◎ 助言を書かせるタスク

新聞や雑誌にある「悩み相談」のように，悩みを抱えている人に助言を与えるタスクです。採点基準は流暢性・正確性を加味して設定します。

問題例

> SNS で知り合ったカナダ人の Mike から，以下のような助言を求めるメールが来ました。返事を5文以上の英文で書きなさい。
>
> Hi! I like novels by Haruki Murakami. I want to be a writer like him. I want to be creative. What is important for being creative?

解答欄

Hi, Mike,

◎メールを書かせるタスク

　メールの場合は書く相手，場面設定を具体的に決めて書かせるようにしましょう。採点は流暢性，正確性の両面から基準を決めて行います。

> 問題例

　次の日曜日に，留学生の Daniel と遊びに行くことになっています。どこに行くかを提案するメールを書きなさい。メールには，①何をするか，②どこに行くか，③待ち合わせ場所，④待ち合わせの時間を必ず含めること。3文以上で書くこと。

解答欄

Hi, Daniel,

◎ 意見とその理由を表明するタスク

　教科書など，何か読んだものなどに関して意見とその理由を述べさせるタスクです。例えば民主主義に関する文章を読んだのであれば，以下のようなタスクが考えられます。

Some people say, "Democracy means everybody should be the same." Do you agree with this idea?

Please write down your opinion in five sentences and more. Begin your writing with the sentence like "I agree with this idea." Or "I don't agree with this idea.

採点は分析的評価とし，内容（4点），流暢さ（3点），正確さ（3点）の計 10 点満点で採点します。以下がルーブリックです。

測定したい能力	内容	流暢さ	正確さ
自分の意見に対してきちんと理由を述べることができる。	意見に対して一貫した理由が述べられている（4点）。	5文もしくはそれ以上書いている（3点）。	文法・綴りなどの間違いが5か所以下（3点）。
	やや一貫性に欠けるが，意味の通る理由が書けている（3点）。	4文または3文である（2点）。	5か所以上9か所以下（2点）。
	意見に対して矛盾した理由である（2点）。	2文以下（1点）。	10か所以上（1点）
	意味の通らない内容である。または理由がない（1点）。		

タスク 21

グループで分担し，上記のライティングタスクのどれかに取り組んでみよう。その後，各自が書いたものをどのように採点するか話し合ってみよう。

コラム 5

ライティングへのフィードバックについて

　筆者の担当する授業では，英作文を宿題として頻繁に課しています。授業や英作文のトピックにもよりますが，内容と形式（語彙や文法の正確さ）の 2 面から総合判断し，5 段階で点数をつけ評価にも入れています。そこで大変なのは，文法の誤りへのフィードバックです。これに関しては，文法の訂正は無駄であるどころか，むしろ有害であるという Truscott (1996, 1999) と，それに強く反論した Ferris (1999) の論争が有名ですが，教師として何もフィードバックを与えないのは仕事をしていないような気になるものです。すべての誤りに対してフィードバックを与えるのは，膨大な時間がかかり，さらに，もともと何を表現したいのか判断のつかない英文もあり，不可能です。筆者の場合は，各生徒に与えるフィードバックの数が大体同じになるようにして，ランダムにリキャストや明示的訂正，メタ言語フィードバックを与えています。例えば I was belonged to the club. という誤りに対して "Oh, you belonged to the team. I didn't know that."（リキャスト）や，"I belonged to the club."（明示的訂正），または「belong to で～に所属するという意味」，などと用紙の空いているスペースに書くわけです。このようなフィードバックが習得にどの程度，効果があるかについては，筆者は懐疑的な立場です。すでに知識はあるが，不注意でおかしてしまった誤り（ミステイク）に対しては，フィードバックでそれに気づかせることが出来ますが，もともとの知識，例えば，仮定法過去についての知識を習得していないがためにおかした誤り（エラー）に，リキャストや明示的訂正で仮定法過去を示しても，そこで，仮定法過去を習得することは難しいと考えています。口頭フィードバックではありますが，筆者の研究（Sato, 2016a, 2016b）でも，すでに知識がある場合はリキャストされると，生徒は自身の誤りに気づき修正するが，知識がない場合は，リキャストを受けても新たな知識を学習することは難しいと示唆されています。やはり知識は明示的にしっかりと教え，学習者はそこで学んだ知識を英作文で使用する，使用することによってその知識を強化，深化させていくということではない

でしょうか。

　また，このフィードバックは形式面だけではなく，内容について与えることも重要です。教科法などの専門の授業ではむしろ内容へのコメントが多くなりますが，形式面へのコメントを多く与えすぎると学習者の意欲をそぐことにもなりかねませんし，文字を通じての意味のあるコミュニケーションは学習者の「書く」という動機付けを高めるという点において，良い波及効果があると言えます。

第14章

スピーキングテストの作成

　英語スピーキングテストの目的は，生徒がいかに英語をよく話せるかを測定することです。日本の英語教育において，スピーキング力の測定は長らく軽視されてきた分野であると言えます。最大の理由はその実用性の低さ，すなわち紙と鉛筆のテストでは実施できないことにあります。話す力を見たいのなら，英語を話すことを求めるタスクを与え，それを評価するパフォーマンステストを実施しなければなりません。つまり，紙と鉛筆で実施される定期テストとは別に実施するしかありません。これには大変な時間と労力がかかります。もうひとつの大きな理由は，生徒のパフォーマンスの客観的な評価が難しいことです。教師が評価者となって，インタビュー形式のテストを実施した場合を考えて見ましょう。教師は生徒が話すのを聞きながら，同時に採点基準に沿って様々な判断を下さなければなりません。一定の基準を保って安定した評価を下すのは簡単ではありません。スポーツにおける審判のように，それなりの経験と技能が要求されます。4技能の中でも信頼性を保って測定するのが最も難しいのがスピーキングなのです (Luoma, 2004)。

　しかし，コミュニケーション能力の育成が目標である以上，スピーキング力を測定しないわけにはいきません。授業でペアワークやグループワークを通じて話す活動を取り入れているのに，テストはもっぱら紙と鉛筆による文法や読解のテストだけであれば，その負の波及効果は明らかです。生徒は話

す活動に身を入れなくなってしまうでしょう。筆者がアメリカとオーストラリアで ESL の教室に入ったときに感じたのは，海外の学生たちは訛りや間違いなどは御構い無しに，実によく英語を話すことでした。日本の学生はなかなかその話の輪に入っていくことができません。しかし文法や読解，作文になると逆に日本の学生が高い点数を取ったりします。担当の教員から，日本の学生は知識を持っているのに，どうして話すことに対して臆病なのかという質問を何度か受けました。日本の授業で話す機会をあまり与えられていない上に，最初から正確性にこだわりすぎるためになかなか発言できないようです。そもそも話し言葉に間違いはつきものですし，間違わずに上手くなるはずもありません。せっかくの知識をスピーキングに生かしてもらうためにも，スピーキングテストを定期的に実施する必要があります。

　スピーキングテストの実施には，実用性の面で様々な困難があることは間違いないでしょう。しかし，近年 4 技能のバランスが取れた指導と観察評価への注目が高まっているおかげで，スピーキングテストを実施する学校が増えているのは喜ばしい兆候です。この章では，実施可能な範囲内でのスピーキングテストのあり方を考えていきたいと思います。まずは中学・高校に求められるスピーキング力について考え，作成の留意点，評価基準，タスクについて取り上げます。コミュニケーション中心の授業が反映され，教師と生徒の意欲がともに高まっていくようなスピーキングテストの作成を目指していきましょう。なお，スピーキングの評価は第 7 章でも触れていますので，合わせてお読みください。

1 中学・高校で求められる英語スピーキング力とは

　話す行為は置かれた状況によって大きく変わってきます。スピーチやプレゼンテーションなどあらかじめ用意したものを多くの人に発表する場合があります。原稿を書いて暗記する場合が多いでしょうから，この場合の話し方はかなり書き言葉に近い特徴を持ちます。日常生活における会話はどうでしょう。書き言葉とはかなり違う話し言葉独特の特徴を持っています。即座の対応が必要なため，多くの場合，きちんとした文の形では発話されず，単語や句などの単位が主に用いられます (Luoma, 2004)。会話の場合，私たちは複雑な過程をほぼ自動的にこなしています。相手の話す内容を即座に理解

し，対応する内容を考え，それに応じた文構造や単語を選択し，丁寧さの度合いを調節して発話します。Levelt (1989) は，言語産出までの過程を概念化，言語化，調音という 3 つの段階に分けて説明しています。話者はまず自分の背景知識などを用いて，相手に伝えたいと思った内容を思い浮かべます（概念化）。次にこの概念を言語化するために必要な語彙を求め，心内辞書（脳内にある言葉に関する知識が蓄積されている辞書のような場所）にアクセスします。必要な語句を選択し，統語的・意味的規則に従って必要な語形変化を行い，意味の通る順に並べます（言語化）。これを音声化するため具体的に筋肉や神経に指示がなされ，発話へと至ります（調音）。私たちが日本語を話すとき，意識的に行なっているのはこの概念化の部分だけであり，言語化，調音はほぼ無意識に，自動的に処理されています。

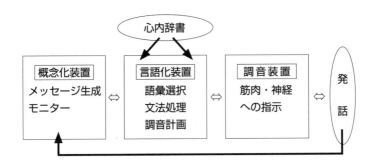

図　スピーキングの過程（Levelt 1989 を基に簡略化：望月他，2016）

　中学・高校における 6 年間の授業だけで，生徒の英語スピーキング能力を日本語並みの自動化が進んだ状態に持っていくのはほぼ不可能です。学習指導要領を元にして，中学・高校に求められるスピーキング能力とは何かを考えてみましょう。2017 年公示の中学校学習指導要領からは，スピーキングの領域が「やり取り」と「発表」の 2 つに分けられています。スピーキングテストもこの 2 領域の両方を測定するようにしなければなりません。「やり取り」と「発表」の目標を以下に示します。

> **話すこと［やり取り］**
>
> ア 関心のある事柄について，簡単な語句や文を用いて即興で伝え合うことができるようにする。
>
> イ 日常的な話題について，事実や自分の考え，気持ちなどを整理し，簡単な語句や文を用いて伝えたり，相手からの質問に答えたりすることができるようにする。
>
> ウ 社会的な話題に関して聞いたり読んだりしたことについて，考えたことや感じたこと，その理由などを，簡単な語句や文を用いて述べ合うことができるようにする。

> **話すこと［発表］**
>
> ア 関心のある事柄について，簡単な語句や文を用いて即興で話すことができるようにする。
>
> イ 日常的な話題について，事実や自分の考え，気持ちなどを整理し，簡単な語句や文を用いてまとまりのある内容を話すことができるようにする。
>
> ウ 社会的な話題に関して聞いたり読んだりしたことについて，考えたことや感じたこと，その理由などを，簡単な語句や文を用いて話すことができるようにする。

　やり取りではまず，「即興のインタラクション」が求められていることがわかります。準備したものでなく，その場で関心のある事，日常的な話題，社会的な話題について，事実をまとめたり，自分の考えを述べたりすることが求められています。また，相手の質問にその場で応じることができることも重要なポイントです。インタビュー形式のテストでこうした即興のやり取りができるかをテストする必要があります。

　発表でも「即興」で話すことがまず求められています。教室で習った表現を使い，関心のあること，日常的話題，社会的話題について，自分の考えや気持ちを話すことが求められています。もちろん，話題を与えて準備させてから発表させる，というやり方でテストすることも必要な場合がありますが，その場でお題を与えて話してもらう，という即興型の発表テストも行ってい

く必要があります。準備をさせるか，即興で行わせるか，両者を包含したスピーキングテスト作成が重要になってきます。

「やり取り」と「発表」に関する言語活動として，それぞれ下のような項目が挙げられています。

話すこと［やり取り］

（ア）関心のある事柄について，相手からの質問に対し，その場で適切に応答したり，関連する質問をしたりして，互いに会話を継続する活動。

（イ）日常的な話題について，伝えようとする内容を整理し，自分で作成したメモなどを活用しながら相手と口頭で伝え合う活動。

（ウ）社会的な話題に関して聞いたり読んだりしたことから把握した内容に基づき，読み取ったことや感じたこと，考えたことなどを伝えた上で，相手からの質問に対して適切に応答したり自ら質問し返したりする活動。

話すこと［発表］

（ア）関心のある事柄について，その場で考えを整理して口頭で説明する活動。

（イ）日常的な話題について，事実や自分の考え，気持ちなどをまとめ，簡単なスピーチをする活動。

（ウ）社会的な話題に関して聞いたり読んだりしたことから把握した内容に基づき，自分で作成したメモなどを活用しながら口頭で要約したり，自分の考えや気持ちなどを話したりする活動。

やり取りでは，会話を継続する能力が求められています。日常的話題，社会的話題について，必要に応じてメモなどの補助も使いながら，自分の考えを述べ，相手の考えを引き出す能力です。その場で質問に答えるだけでなく，How about you? などと相手からも情報を引き出すようなやり取りができるかどうかを見るテストを行う必要があります。

発表では，関心のある事について即興で話すこと，日常的話題について自

分の考えを述べること，社会的話題に関するテキストを聞いたり読んだりしたうえで，それをまとめたり，自分の考えや感想を述べることなどが求められています。即興のスピーチや，何かの題材を与えて考えを述べさせるようなテストが必要でしょう。

　現行の指導要領では，小学校での外国語活動の中学年での実施と高学年での英語の教科化により，それまでの指導要領にあった「強勢，イントネーション，区切りなど基本的な英語の音声の特徴を捉え，正しく発音すること」という一項が削除されています。筆者はこの音声基礎の訓練が，日本の英語教育ではまだまだ足りないと感じています。小学校での指導が増えると言っても，3年生から週1,2時間の授業では，十分な音声訓練を積んだというにははるかに遠い状態です。そうした意味では，本当のスピーキングテストとは言えなくても，中学校段階で音読のテストを入れることは意味のあることではないかと思います。昨今はより即興的なコミュニケーションが強調されていますが，そうした地味な下位技能訓練も忘れてはならない部分だと思います。

　高校ではどうでしょうか。2018年公示の学習指導要領から，必修の「英語コミュニケーションⅠ」における「話すこと（やり取り）」と「話すこと（発表）」の指導内容に関わる部分を抜き出してみます。

話すこと［やり取り］

ア　日常的な話題について，使用される語句や文，対話の展開などにおいて，多くの支援を活用すれば，基本的な語句や文を用いて，情報や考え，気持ちなどを話して伝え合うやり取りができるようにする。

イ　社会的な話題について，使用する語句や文，対話の展開などにおいて，多くの支援を活用すれば，聞いたり読んだりしたことを基に，基本的な語句や文を用いて，情報や考え，気持ちなどを論理性に注意して話して伝え合うことができるようにする。

話すこと［発表］

ア　日常的な話題について，使用される語句や文，事前の準備などにおいて，多くの支援を活用すれば，基本的な語句や文を用いて，情報

や考え，気持ちなどを論理性に注意して話して伝え合うやり取りができるようにする。

イ　社会的な話題について，使用する語句や文，事前の準備などにおいて，多くの支援を活用すれば，聞いたり読んだりしたことを基に，基本的な語句や文を用いて，情報や考え，気持ちなどを論理性に注意して話して伝え合うことができるようにする。

使用する語句や文に関しては，中学校での「簡単な」という表現から「基本的な」に変更されています。高校では中学校よりも幅広い話題に対してより深い表現を用いることが求められますが，そのために「多くの支援」を教師が生徒に与えることが必要です。また，即興的なものを除けば，「論理性に注意して」話し，伝え合うことが求められています。表現や組み立て方も含め，論理的に破綻せずに聞き手に納得してもらえるスピーキング能力が求められていることが分かります。

「英語コミュニケーションⅠ」における言語活動に関する事項の「話すこと［やり取り］」と「話すこと［発表］」では，以下のような活動をすることが求められています。

話すこと［やり取り］

(ア) 身近な出来事や家庭生活などの日常的な話題について，使用する語句や文，やり取りの具体的な進め方が十分に示される状況で，情報や考え，気持などを即興で話して伝え合う活動。また，やり取りした内容を整理して発表したり，文章を書いたりする活動。

(イ) 社会的な話題について，使用する語句や文，やり取りの具体的な進め方が十分に示される状況で，対話や説明などを聞いたり読んだりして，賛成や反対の立場から，情報や考え，気持ちなどを理由や根拠とともに話して伝え合う活動。また，やり取りした内容を踏まえて，自分自身の考えなどを整理して発表したり，文章を書いたりする活動。

> **話すこと［発表］**
>
> （ア）身近な出来事や家庭生活などの日常的な話題について，使用する
> 　　語句や文，発話例が十分に示されたり，準備のための多くの時間
> 　　が確保されたりする状況で，情報や考え，気持などを理由や根拠
> 　　とともに話して伝える活動。また，発表した内容について，質疑
> 　　応答をしたり，意見や感想を伝えあったりする活動。
>
> （イ）社会的な話題について，使用する語句や文，発話例が十分に示さ
> 　　れたり，準備のための多くの時間が確保されたりする状況で，対
> 　　話や説明などを聞いたり読んだりして，情報や考え，気持ちなど
> 　　を理由や根拠とともに話して伝える活動。また，発表した内容に
> 　　ついて，質疑応答をしたり，意見や感想を伝え合ったりする活動。

　ここでも支援の例が示されています。使用する語句や文に関する支援，発話例の支援について言及されています。単語のみにとどまらす，特定の状況でよく使われる定型表現なども含めて支援をする必要があります。「やり取り」に関しては具体的に進め方の例を示すこと，「発表」に関しては十分に準備の時間を与えることも重要な支援です。

　さらに「やり取り」では内容を整理したり，それについて書いた記す活動が，「発表」では内容に対して質疑応答をし，意見や感想を交換することが求められています。また，どちらにおいても「社会的な話題」に関しては，自分の立場を明らかにし，その理由や根拠を示すことが要求されています。テストにおいても，自分の立場を述べ，その理由や根拠を述べるようなタスクが求められるでしょう。

　こうした「中学・高校で求められるスピーキング力」を教師は頭に入れておく必要があります。各スピーキングテストでは，その中でもどこに焦点を当てて評価したいのかを明確にし，それを生徒にも明らかにしておく必要があります。

❷ 中学・高校におけるスピーキングテスト作成にあたっての留意点

　スピーキングテストを作成する過程には，測定したい能力を元にテスト細

目を作成する，スピーキングタスクを設定する，評価基準を設定する，実施，採点を行うといった工程が含まれます。基準とタスクの詳細に関してはこれ以降のセクションで扱うことにし，ここでは作成上の全般的な留意点を取り上げます。

2.1 測定したい能力を明確にし，それを引き出せるようなタスクを設定する (Hughes, 2003)

例えば文字の音声化がきちんとできるかどうかを見たいのであれば，教科書を音読させて評価します。どれだけ流暢に自己紹介ができるかを見たいのであれば，決められた時間にできるだけ多くのことを説明できるかどうかを見るタスクにします。現在進行形の学習が終わり，この形式が使えるかどうかが見たいのであれば，公園で人々が色々な活動をしている絵を見せて，それを描写させるタスクを与えます。このように，限られた時間の中でも，測定したい能力のサンプルがきちんと現れるようにタスクを設定しましょう。

2.2 タスクは意味中心のやり取りとし，役割と文脈を明確にする（根岸，2007）

インタビューという対面形式のテストでは，普通，教師が一方的に質問をし，生徒がそれに答えるという，普通の対話とは違ったやや不自然なやり取りになってしまいます。また，音読テストやあらかじめ準備されたスピーチなど，やや機械的なテストも時には実施しなければならないでしょう。しかし，可能であれば，コミュニカティブなテストの実施を考えて見ましょう。もうすでに教師が答えを知っているような質問（May I have your name? など）ばかりでは，形式的な操作に終始してしまいます。生徒が本当に自分に関する新情報を伝えられるような質問を工夫して考えて見ましょう。ロールプレイをさせるのもコミュニケーション力を伸ばす上では有効です。この場合は生徒をペアにして，教師がその様子を観察するテストにします。現実生活で遭遇しそうな文脈と役割を与えるのがいいでしょう。生徒がどのように振舞っていいのかわからないようなタスク設定は避けましょう。以下の例を見てください。

ロールプレイ：A から始めます。指示が書かれたカードは相手に見せては
いけません。

A: 将来の夢について英語で自由に語ってください。
B: A の話を聞いて，何か英語でコメントしてあげてください。

　中学生・高校生ですと，そもそも自分が将来何をしたいかはっきり決まっ
ておらず，いきなり英語で話せと言われても，困ってしまう生徒が多くいる
のではないでしょうか。できれば具体的な状況や役割を与えてあげたいもの
です。次の例はどうでしょうか。

ロールプレイ：A から始めます。指示が書かれたカードは相手に見せては
いけません。

A: 次の日曜日，あなたはクラスにいる留学生の B さんを，映画に誘い
　　たいと思っています。見たいのは SF 映画 (a science fiction movie) の
　　「スターウォーズ (Star Wars)」です。まず，日曜日は空いているかど
　　うか，そして，スターウォーズを見に行こうと誘ってください。

B: あなたは A 君と同じクラスにいる留学生です。次の日曜日，ディ
　　ズニー映画 (a Walt Disney movie) の「美女と野獣 (Beauty and the
　　Beast)」を見たいと思っています。A 君から次の日曜日の誘いがある
　　ので，それを聞いたうえで，同意するか断るかを決めて，A 君に伝
　　えてください。

　状況と役割が具体的になっているので，取り組みやすくなっているのでは
ないでしょうか。中学生でも取り組めると思います。高校生なら，相手を説き
伏せるタスクにして，どっちがより説得力があるか競わせてもいいでしょう。

2.3　母語で無理なく行えるタスク・トピックを選ぶ (Hughes, 2003)
　日本語でもスムーズに行えないタスクや，話すのが難しいトピックを選ん

でしまうと，英語のスピーキングテストとして成立しなくなってしまいます。そもそも何を言っていいのかわかならいようなタスクでは，生徒から英語スピーキングに関するパフォーマンスを引き出すことができません。これは当たり前のように聞こえますが，測定したい項目に固執するあまりこうした無理なタスクを設定してしまう可能性が常にあることを，教師としては頭に入れておく必要があります。仮定法のテストとして，「グリーンジャンボくじで5億円当たったら何をしたいか話してください」よりは，「今，臨時のお小遣いを1万円もらったとしたら，週末に何をしたいか話してください」の方が高校生には話しやすいかもしれません。タスクを考えついたら，同僚の先生などにチェックしてもらうことをお勧めします。

2.4　明確で実行可能な評価基準を作成する

　スピーキングテストで信頼性を確保することは難しい課題です。タスクにある程度の時間を確保する，一度に複数のタスクを課す，複数の評価者で評価する，評価者を訓練する，などが信頼性を上げるためのポイントなのですが，そのどれもが学校の現状を考えると実施が難しい事項です。ALTや同僚の英語の先生からの協力を得られる場合もあるでしょうが，多くの場合は一人で評価を行わなければならないのが現状であると思います。評価者が一人であってもある程度の信頼性を確保するためには，明確な評価基準を作成しておくことが大切です。評価にはライティングと同じく全体評価 (holistic evaluation) と分析評価 (analytic evaluation) があります。前者はパフォーマンス全体の印象から，それをいくつかの段階に分けて評価する方法です。後者は評価項目をいくつか定め，それぞれの項目に段階的基準を設定する方法です。どちらの方法であっても，目標基準準拠テスト（第1章参照）として基準を作成するのが，パフォーマンステストの基本です。その時点での到達目標を基準として，どの程度達成していればどういう評価を下すのかを明文化しておきましょう。A, B, Cという3段階で評価するなら，それぞれの段階がどの程度のパフォーマンスを要求するのかを明確に書き表しておきます。その基準が本当に機能するか，時間内での評価が可能かを確認するために，できれば試験とは関係のない生徒や同僚の先生の協力を得て，試行してみることをお勧めします。

2.5　指示を明確で理解可能なものにする

　他の技能評価のところでも同様に重要な事項ですが，スピーキングテストの場合は生徒にパフォーマンスを行ってもらうため，求められる行動が何なのかをきちんと伝える必要があります。口頭で伝えるのか，文字で伝えるのか，また英語で伝えるのか日本語で伝えるのかを決めておく必要があります。いずれの場合でも，きちんと求められるスピーキングタスクが何であるのかが明確にわかるような簡潔な指示にするよう心がけましょう。

❸　評価基準の作成

　上記でも述べましたが，明確な評価基準を作成しないと評価の信頼性が揺らいでしまいます。全体評価と分析評価のそれぞれについて利点，弱点や作成にあたっての留意点を取り上げます。

3.1　全体評価 (holistic evaluation)

　受験者のパフォーマンスの全体的印象を1つのスコアにして表す評価方法です。A，B，Cといった三段階のスケールや，5から1までの五段階のスケールなどがよく用いられます。利点は実用性の高さです。全体印象という1つの観点で評価するので，採点者にとっては時間をそれほどかけずに評価することができます。弱点は，診断的価値が低くなってしまうことです。全体を1つのスコアで評価するため，受験者にとってはどこが良かったのか，または悪かったのかの情報が得にくくなってしまいます。

　尺度を何段階にするかは，測定目標やタスクの内容によって判断しましょう。どういうパフォーマンスであればどのスコアになるのか，明確な基準を一覧にしたルーブリックをあらかじめ作成しておきます。基準はコミュニケーション構成概念理論を基に作成する場合と，受験者の行動を基に作成する場合があります (Luoma, 2004) が，学校現場であれば後者を採用することが多くなると思います。流暢性（発話量）を重視するか，正確性を重視するかは，測定目標や生徒の到達度によって変わってきます。どういう力を見たいのかを基に，各段階の行動基準を書き記したディスクリプタを作成しておきましょう。ヨーロッパ共通参照枠 (Council of Europe, 2001) や，CEFR-J（投野，2013）が参考になると思います。

3.2 分析評価 (analytic evaluation)

　複数の評価項目から受験者のパフォーマンスを評価する方法です。それぞれの項目は上記の全体評価と同じく数値的な段階によって評価する場合もあれば，できている（＋）もしくはできていない（－）といった二者択一で評価する場合もあります。利点は，生徒に診断的な情報を各項目に沿って与えることができることです。弱点は，評価が煩雑になって採点者の負担が多いことと，それに伴って信頼性の低下が危惧されることです。信頼性を確保するためには，それぞれの段階での明確な行動基準を示したルーブリックをきちんと作成しておきましょう。まずは生徒のどういう力を見たいのか，生徒のレベル，採点の実用性からいくつの評価項目を設定するかを決めます。さらに各項目を何段階評価にするかを決定します。中学・高校の先生の多忙さを考えた場合，多くの場合は三段階か，できている・できていないという二者択一で良いのではないかと思います。ヨーロッパ共通参照枠によれば，4，5 段階になると評価者の認知的負担が大きくなります。心理的には 7 段階が上限だそうです (Council of Europe, 2001)。段階が決まったら，それぞれの段階の行動基準を示したディスクリプタを作成します。できるだけ簡潔で理解可能な定義になっていることが大切です。具体的な例としては第 7 章のパフォーマンステストの項をご参照ください。各項目の合計点により，全体評価を同時に提示することも可能です。なお，具体的なルーブリックの例についても第 7 章を参考にしてください。

4 スピーキングタスクの種類

　スピーキングタスクには，ある程度決まった応答を要求するタイプの構造化されたタスク（Structured tasks）と，自由な発話を要求するオープンタスク（Open-ended tasks）があります。スピーキングの基礎能力を鍛えるためには構造化されたタスクを，より実際のコミュニケーションに近づけたいならオープンタスクを選択すると良いでしょう。テストの目的，生徒の熟達度に応じて適切なタスクを選びましょう。以下，それぞれのタスクの例をいくつか挙げたいと思います。

4.1 構造化されたタスク

構造化されたタスクの場合，リスニングと統合されたものになる場合が多くなります。またここでいうタスクは，いわゆる Task-based Language Learning (TBLT) でいうところのタスクとは異なり，ドリルや練習に近いものが多くなります。ここではそれらも含めて極めて広義にタスクという名称を使っていることをご了承ください。

◎ 音読テスト

本来の意味でのスピーキングテストではありませんが，生徒がきちんとした英語の発話をできるようにするために，音読のテストを課すことでその後の自由な発話へとつなげていくことができます。授業や放課後の時間を利用して，教科書の一部や授業で扱ったテキストを指定して，一人ずつ音読をしてもらいます。評価は，発音，イントネーション，ストレス，ポーズの箇所などを段階評価することになるでしょう。もちろん項目の多い方がフィードバックの情報量が多くなりますが，それだけ採点が煩雑になり，教師の負担が増えます。タスクに使える時間も考慮した上で，採点可能な数の評価項目を設定します。中学校では音読指導が盛んですが，ただ漫然と読ませるのではなく，正しい単語の発音や，文強勢，イントネーションなどに気をつけて指導をしましょう。テストでは授業中に重点を置いて指導していることを中心に評価し，評価の妥当性を高めるようにしましょう。テスト前に評価項目とその基準をあらかじめ生徒に伝えておくことが大切です。なお，具体的な評価項目と基準の例については，第7章をご参照ください。

◎ スキット

中学校1，2年生の教科書では対話形式のテキストが多く用いられています。これを利用し，生徒をペアにして，それぞれの役割を演じさせます。意味を理解したうえで，感情をこめて演じさせるようにしましょう。生徒が慣れてきたら，ペアでオリジナルの創作スキットを作らせて演じさせることもできます。それぞれ重点を置いて指導していることを評価基準にして，生徒に伝えておきましょう。簡単にできるのは，教科書の一部を変えて演じさせることでしょう。下は *New Horizon English Course I*（笠島，2016）から引用した会話ですが，ペアで下線部を別の表現にして演じさせます。準備時間を

与えて行っても良いし，即興でやらせることも可能です。目的と生徒の熟達度に応じて決定してください。

問題例

下線部を別の表現にして対話する。

客： Excuse me. I want <u>two lemons, three peaches, and two packs of cherries</u>, please.

店員： Will that be all?

客： Yes.

店員： <u>Nine hundred and eighty yen</u>, please.

客： OK.（千円札を渡す）

店員： Here's your change. <u>Twenty yen.</u>

客： Thank you. Have a great day.

店員： You, too!

モノローグの各文に対して，何かコメントを言わせてダイアローグにさせる，というタスクもあります。この場合は教師がモノローグを一文ずつ読み，それに対して生徒に何か言わせます。

教師のセリフ	生徒の解答例
Hello, I'm Kasahara Kiwamu.	Hello, I'm Keita. Nice to meet you.
My favorite subject is English.	Really? Me, too!
I don't like math but I study it every day.	Wow, you are a great student.

◎ 暗唱（レシテーション）

　教科書の1セクションなど決められた範囲の英文を生徒に暗記させ，発表させます。採点は音読のときのように伸ばしたい項目を中心に基準を作成しておき，生徒に伝えておきます。

◎ 復唱タスク

　教員が読み上げる語句や文，もしくは録音された文を聞いて生徒に復唱をさせるタスクです。いくつ項目を復唱させるか，各項目の長さはどうするかについては，テストの目的及び生徒の熟達度に沿って調整してください。既習の語句や，既習の文法事項を含んだ文を復唱させることで，生徒の到達度を判断することができます。この場合は主に正確性を中心に評価することになるでしょう。

◎ 変換タスク

　教員が読み上げた肯定文を，即座に否定文もしくは疑問文に変えて言わせるタスクです。時間を決めて，時間内にどれだけ正確に変換できるかを評価するといいでしょう。否定文や疑問文の仕組みが理解できても，それを即座に言えるようになるためには多くの口頭練習が必要です。肯定文と否定文がペアになったリスト，または肯定文と疑問文がペアになったリストを作成し，授業中に個人やペアで変換する練習をさせましょう。ペアの場合は生徒の一人がリストの肯定文を読み上げ，もう一人が見ないで否定文や肯定文に変換します。読みあげた方が正しく読めたかどうかを判断して，幾つできたかを確認させます。この形で時間を決めてペアでテストを行わせることも可能ですが，相手の読み上げる技量に左右されるなど，信頼性が低くなるという問題もあります。普段はこうしたペアでのチェックをさせ，最後に教師と生徒の１対１でのテストを行うのがいいかもしれません。

問題例

肯定文から疑問文へ変換。

教師が読み上げる（肯定文）	生徒が答える（疑問文）
This is the biggest park in the town.	Is this the biggest park in the town?
They are really cute.	Are they really cute?
You like coffee.	Do you like coffee?
Kevin plays soccer.	Does Kevin play soccer?
Miki sings very well.	Does Miki sing very well?

2 教師が言った文が答えになるような疑問文を言わせる。

教師が読み上げる	生徒は教師の発言が答えとなるような疑問文を言う（形式的に合っていればよしとする）
Yes, I do.	Do you like dogs?
No, I can't.	Can you fly?
I play soccer.	What sport do you play?
I have 50 CDs.	How many CDs do you have?

◎ 短答タスク

　常識や事実に基づいた質問を英語で生徒に出題し，答えさせるタスクです。はじめのうちは基本的に文になっていなくても，語句で正答できれば可とするということでいいでしょう。生徒が慣れてきて，正確性も上がってきたら文の形で答えさせることもできます。

問題例

Which is larger, Hokkaido or Shikoku?

How many days are there in a week/January/year?

What is the biggest city in Hokkaido?

　一般常識を出す場合は誰もが知っている簡単な質問にしましょう。一般常識ではなく，個人に関わる，聞いてもさし障りのない質問をするのも良いでしょう。

問題例

What sports do you like?

What do you do in your free time?

How do you come to school? / How long does it take to come to school?

または英検のように，教科書のパッセージを読ませて，それに関する質問を英語で行うこともできます。上記のいずれにせよ，テストのねらいを明確にし，生徒に伝えておきましょう。問題例などをあらかじめ示しておくといいでしょう。

◎再生・要約タスク

教師があるまとまった話を英語で行い，生徒に聞かせます。再生であれば聞き取った内容をできるだけ忠実に話させます。要約であれば，だれが・いつ・どこで・何を・どのように行ったかを中心に，簡潔に述べさせます。測定目標や生徒の能力に応じて話の長さや採点基準を考えましょう。

問題例

教師の話

Yesterday, I went skiing with my son. It was cold but we had a good time. After skiing, we enjoyed a wonderful lunch together. I ate spaghetti and my son had a hamburger.

生徒の再生

Yesterday, you went skiing with your son. It was cold but you had a good time. After skiing, you enjoyed a wonderful lunch with your son. You ate spaghetti and your son had a hamburger.

4.2 オープンタスク

オープンタスクにおいては，その場で指示されたことを即興で話す場合もあれば，あらかじめ準備の時間を与えられて，用意したものを話す場合もあります。後者のほうがより正確性が上がり，書き言葉に近い特徴を持つようになるでしょう。当然採点の基準も異なってきます。そのときに伸ばしたいスピーキング能力に応じたタスクを選択しましょう。

◎ スピーチ

　米山 (2011) によると，スピーチとは「まとまりのある，ある程度の長さ
のメッセージを複数の相手に伝える活動」とあります。本多 (2009) では，
内容的に以下のような分類をしています（p. 177 を改編）。

① short speech（自己紹介などの簡単なスピーチ）
② show & tell（絵・写真・実物などを見せ，それについて説明するスピーチ）
③ informative speech（聞き手に何かを教えたり，情報を与えたりするこ
　　とを目的としたスピーチ）
④ presentation（提案・発表などを目的としたスピーチ）
⑤ persuasive speech（聞き手に自分の意見・提案などを納得させることを
　　目的としたスピーチ）
⑥ public speech（演説・弁論など比較的長いスピーチ）

　上の方には比較的簡単なスピーチがあり，下に行くほど難易度が高くなっ
ています。中学校の初期段階では，自己紹介，好きなものの紹介など①や
②を中心に行い，高校生になれば次第に④から⑥などのスピーチに取り組ま
せてみてはどうでしょうか。最初は準備時間を与え，十分に練習させてから
発表させると良いでしょう。慣れてきたらその場でトピックを与え，即興の
スピーチを行わせてもいいでしょう。なるべく学習した項目を使えるトピッ
ク設定をするのがいいでしょう。評価基準はスピーチの目標と生徒の熟達度
に従って考えましょう。

◎ 描写タスク（Description tasks）

　自分の部屋の描写など，生徒が普段よく知っている風景を英語で説明して
もらったり，その場で渡した絵について英語で描写してもらったりするタス
クです。描写タスクでは，学習した文法項目を生徒に使わせる設定も可能で
す。現在進行形を学習した後なら，公園で人々が様々な活動をしている絵や
写真を渡し，時間内にできるだけ人々が何をしているかについて進行形を使
って説明してもらうことができます。食品等が入った冷蔵庫の写真を使い，
これから買い物に出かけるため玄関にいる母親に，冷蔵庫に何が残っている
かを伝えるというタスクにすれば，There is . . . / There are . . . 等の表現を使

わせることができるでしょう。コミュニカティブなタスクにするためには，現実に起こりうる設定にすること，生徒の役割と，誰に向かって話しているのかを明確にしておきましょう（根岸，2007）。

◎ 物語タスク（Narrative tasks）

　4コマ漫画など，連続した物語を構成する複数の絵を見せて，その物語を語ってもらうタスクです。起承転結などが含まれる分，先ほどの描写タスクよりも複雑になります。高校生くらいであれば，First, Second, Next, However, Therefore, Finally などのディスコースマーカーを駆使させて話をさせることもできるでしょう。動画を用いて同時進行でその内容を説明してもらうタスクもありますが，一般に難易度は高くなります。発達段階に応じた出題・評価基準を考えましょう。

◎ 情報ギャップタスク（Information gap tasks）

　生徒をペアにして行います。それぞれが違った情報を持ち，英語で話し合うことでその違いを特定していくタスクです。具体的には，似てはいるが同じではない2枚の絵をそれぞれに渡し，その絵を見せ合わずに違っている点を特定させる間違い探しタスクや，一人が何らかの物や動植物になりきって，英語でヒントを与えて相手に特定させる "Who Am I?" などのタスクがあります。

　　問題例

これからあるものになってもらいます。英語でパートナーにいろいろヒントを出して，そのものが何であるか，当ててもらいなさい。制限時間は一分です。

　出題：a watermelon

予想されるヒントの例：　I am a fruit. / I am sweet.
　　　　　　　　　　　　I am popular in summer.
　　　　　　　　　　　　I am green and black outside. / I am red inside.
　　　　　　　　　　　　I have a lot of black seeds.

◎意思決定タスク（Decision-making tasks）

　個人，ペア，グループなどいろいろな単位で行えるタスクです。いくつか
の選択肢を与え，優先順位をつけさせる順位付けタスクや，悩み事に対して
有効な回答を述べさせるカウンセリングなどのタスクがあります。

問題例

これからあなたは無人島で１か月，一人で暮らさなくてはなりません。
その島は温暖で，食べ物と水は十分にあります。あなたは下にあるもの
から３つだけ無人島に持っていくことができます。３つ選んだ中で，１
番重要なもの，２番目に重要なもの，３番目に重要なものを順番に説明
しなさい。なぜ重要なのかをそれぞれ説明すること。考える時間を１分
与えます。

(items)
books, a flash light, a tent, a rope, a lamp, a knife, a DVD player
and DVDs, a smart phone,

◎ 問題解決タスク（Problem-solving tasks）

　生徒に論理的分析や推理によって解決できるような課題を与え，その解答
を述べさせるタスクです。個人，ペア，グループ単位で行うことができま
す。資料及び考える時間を与えてから行います。

◎ 意見交換タスク（Exchanging opinions）

　ペアやグループ単位で，与えられた課題に対して生徒に自由に意見を述べ
させます。弁当と給食ではどちらが良いか，といった身近なものから，少子
化対策と言った社会的な問題まで幅広い課題が考えられます。生徒の熟達度
に応じた課題を考えましょう。

タスク 22

グループで分担し，上記のオープンタスクのどれか一つを作成して，その評価基準を考えてみよう。

第15章

定期考査の作成

　これまで，考査作成にあたって留意すべき重要点を述べてきました。ぜひ参考にしていただき，よりよいテストを作成していただければと思います。本章では，テスト細目の作成について触れ，再度，定期考査作成における妥当性と信頼性の問題を扱います。

1 テスト細目の作成について

　定期テストを作成するにあたっては，まずテスト細目を作成することをお勧めします。テスト細目 (test specification) とは，どのようなテストを作成するかについてのテストの詳細な設計図です。細目には，一般にテストの目的，測定したい能力，使用するテスト項目の種類，配点，評価方法などが記載されます（Hughes, 2003；望月他, 2015）。細目を作成することにより，定期テストの妥当性や信頼性を高めることができます。もちろん，先にテストが作成してあり，それに従って授業が行われたのであれば，細目作成の必要はないかもしれません。しかし，予定通りにいかないのが授業です。実際に行った授業内容をテストに反映させるためには，改めて細目を作成し，テストを点検してみるのが良いでしょう。

細目作成にあたっては，最初にテストまでの授業を振り返ってみましょう。

　まずは今学期の目標に従って，測定したい能力を書き出してみます。続いてその学期ではその目標に従って，どのような時間配分で４技能，語彙，文法を教えたのかを書き出します。学期での時間配分に従って，テスト問題の割り振りを決めていきましょう。文法項目Ａには〜時間，Lesson 5の読解に〜時間，最後のスピーキング活動に〜時間，ライティング活動に〜時間，などかけた時間を一覧にして挙げてみます。それを基に，各技能，語彙，文法等にどのくらいの配点を割り振るかを考えましょう。時間をかけて教えた項目には配点を多めに，簡単にしか取り扱わなかった項目には配点を少なめに割り振るのが原則です。スピーキングの評価は別のパフォーマンステストで評価するとして，紙と鉛筆のテストはどういった構成にするかを考えます。語彙，文法，リスニング，リーディング，ライティングという大問から構成されるテストになるかもしれません。また，語彙は普段の小テストで十分評価できているから，文法，リスニング，リーディング，ライティングといった構成になる場合もあるでしょう。授業で行ったことをテストに反映させることを心がけましょう。配点については第５章の９も参照してください。

　次に各大問の構成を考えます。例えば文法に関して今回は３つの文法事項を扱ったので，文法問題は下位３セクションに分ける，などです。テストの診断的価値を上げるためには，各セクションのテスティング・ポイントをできるだけ１つに絞ることです。１セクションには１つの文法項目を問う問題のみを入れるようにしましょう。そうすることで後から生徒自身が，どの部分ができてどの部分ができなかったを理解することができます。総合問題のような１つのセクションに複数のテスティング・ポイントがあるような問題は避けましょう。

　大問の構成，大問内の割り振りが決まったら，各セクションでどのような問題形式を使用するか考えます。これまでの章の具体的な問題例等を参照していただければと思います。大切なことは，コミュニケーションと直接関係のない設問（文法用語や形式分類を問う問題など）は出題しないことです。解答欄も含めてテストが完成したら，まずは自分で解いてみることです。問題数は適切でしょうか。少なすぎても多すぎても信頼性を損ないます。解答欄は十分かつ適切なスペースがありますか。特に記述式の問題では注意が必要です。最後に，出来る限り同僚の先生に完成したテストをチェックしても

らいましょう。見落としていた部分や気付かなかった部分に対しての助言が得られるかもしれません。

❷ 妥当性・信頼性に関して

妥当性・信頼性に関して，定期考査と熟達度テストでは妥当性・信頼性に関しての扱いが違ってきます。以下は，定期考査における妥当性，信頼性に関して述べた小論（佐藤，2015）からの抜粋です。

佐藤くんと先生の会話

中学 2 年生の佐藤くんと英語の先生の会話です。佐藤くん「先生，いつも点数の一番悪い英語の定期テスト，今回は，英文をしっかり暗記して訳も覚えて，いい点数をとれたと思います」。先生「そうか，それはよかった。採点が楽しみ！これからも頑張ろうね」。佐藤くん「はい，なんだか英語が少し好きになれそうな気がします。頑張ります！」。英語の苦手な生徒が頑張っていい点数を取ってくれるのはうれしいことです。教師冥利に尽きますね。ですが，ちょっと待った，です。はたして今回 の佐藤くんの受けた定期考査はちゃんと英語の力を測定しているのでしょうか。

妥当性と信頼性

妥当性 (validity) とは，作成したテスト問題が測ろうとする技能・能力を評価するのに妥当であるか どうかということです。例えば，受験者の発音能力 を測定するのに，written test で，「最も強く発音される部分はどこか」や，「下線部の発音が同じ単語 はどれか」などと尋ねても，それは実際に発音できる能力ではなく，語彙の発音に関する知識を問うことになるので，発音能力測定には妥当性が極めて低いといえます。佐藤くんの例では，ただ英文・日本語訳を暗記しただけで高得点が取れるのであれば，暗記力のテストとしては妥当性が高くても，英文読解力に関しては妥当性が低いということになります。信頼性 (reliability) とはそのテスト問題が，常に信頼できる一貫性の測定力を持っているかどうかということです。つまり，ある種のテストを何度受けても結果が大き

く変わらないで安定しているのなら信頼性が高いと言えます。佐藤くんの場合だと完全に暗記できているのなら，何度受けても高得点が取れるので，信頼性が高いといえることになります。しかしながら，ここで問題なのは，いくら信頼性が高くても妥当性が低ければテストとしては失格であるということです。持久力を測るのに，100m 走を何度測定しても意味がないのと同じことです。テスト作成においては，まず測ろうとする技能・能力をしっかりと測れる妥当性の高い問題を作成すべきということになります。

ではどのように？

　定期考査で生徒の読解力を測るのであれば，初見の英文を問題文として出題することが有効です。しかしながら，定期考査は生徒の能力がどれくらいあるか測る実力テストなどの「熟達度テスト」とは違い，テストの範囲についてどの程度理解しているかを調べる「到達度テスト」であるので，授業で扱った内容が反映されるものでなければいけません。では，NEW CROWN Book 2 Lesson 2 My Dream の USE Read を例に，具体例を提示してみます。本文は第 6 章 67 ページを参照して下さい。

提案 1　テキストタイプを教科書に合わせる：ここでは，ハナの将来の夢に関するスピーチが題材になっているので，問題文も他の誰かのスピーチの形式にし，情報の一部に変更を加える。

例　I want to be a chef. I have three reasons. First, I like fresh vegetables. Fresh food is important for our everyday lives and health. So I want to prepare healthy and organic meals for everyone. Second, I am interested in technology. Chefs use technology to do many things. For example, they use accurate cooking techniques and tools to make sure the food is cooked perfectly every time. I want to learn technology to improve cooking. Third, I think that cooking is a way to bring people together. One day, I cooked at a restaurant with other visitors from near and far, such as families, students, and tourists. We prepared some dishes together. Later, we enjoyed lunch. Over lunch, we talked about the day's experiences and became friends. This is important to me.

提案 2　スピーチをパラフレーズした英文にする：ハナのスピーチの内容を第 3 者が述べているかたちで，基本的に重要な情報はそのままでパラフレーズする。

例　Hana wants to be a farmer for three reasons. First, she likes fresh vegetables and wants to grow healthy food for everyone. Second, she's interested in the technology farmers use, like drones and sensors, and wants to learn more about it. Third, Hana believes farming can bring people together. She remembers a day she spent farming with others, cooking lunch, and making friends. She feels farming combines her love of food, interest in technology, and desire to connect people, making it the perfect job for Hana.

提案 3　テキストタイプをダイアログにする：スピーチを聞いた友人 2 人が，その内容について会話している英文を提示する。提案 1 ～ 3 では，扱う文法項目である to 不定詞を含む英文，新出単語を含む 英文を必ず入れるようにする。

例

Kate:　Did you hear her talking about wanting to become a farmer?

Riku:　Yes, I did. She really likes fresh, healthy vegetables, doesn't she?

Kate:　That's right. And she's not just about growing them, she wants to use technology in farming. She mentioned drones and sensors.

Riku:　That's true, it sounds advanced and exciting. And I loved the part where she talked about farming as a way to bring people together.

Kate:　Yes, her story about working with others on a farm, cooking and eating together was nice. She even made friends that day.

Riku:　Indeed. It's clear she sees farming as more than a job. It's about good food, new tech, and making connections. I never thought about farming that way before.

提案4　ハナのスピーチを精巧化する：スピーチに追加の情報や詳しい説明を加えた英文を提示する。

例　I really want to be a farmer, and there are three main reasons why I feel this way.

Firstly, I have a deep love for fresh vegetables. I believe eating fresh food is not only tasty but also essential for our health and happiness. That's why I want to grow my own vegetables that are both healthy and grown naturally. By doing this, I hope to help people in our community eat healthier and live better lives.

Secondly, I'm interested in technology, and I think that it's becoming a big part of farming. Farmers today use cool tools like flying robots, also known as drones, to keep an eye on their crops. They also use special equipment that can gather information about their crops all day and night. This helps them take better care of the crops and grow more food. I want to learn all about this technology, and use it to make farming even better.

Thirdly, I believe that farming can bring people closer together. I remember a special day when I worked on a farm with different kinds of people—families, students, and even tourists. We picked vegetables together, then used those same vegetables to cook a tasty lunch. While eating, we shared stories, laughed, and became good friends. That experience showed me how farming can create a strong sense of community.

In conclusion, with farming I can do all the things I love most: growing healthy and tasty food, learning about and using new technology, and bringing people together to create a sense of community. Farming is the perfect job for me.

提案5　問題の選択肢を初見の英文にする：ハナのスピーチと，空欄のある要約文を提示し，空欄に入る表現を選択肢から選ぶ問題にする。

例

空欄 (1) (2) に入るのに最も適当は表現を選べ

　　Thirdly, I believe that (　1　). I remember a special day when I worked on a farm with different kinds of people—families, students, and even tourists. We picked vegetables together, then used those same vegetables to cook a tasty lunch. While eating, we shared stories, laughed, and became good friends. That experience showed me (　2　).

　(1)　① farming can be hard work for everyone
　　　　② farming can bring people closer together
　　　　③ faming is a special event for people
　　　　④ farming is done by tourists and students
　　　　正解　②
　(2)　① how difficult it is to do farming with many people
　　　　② how easy it is to do faming with many people
　　　　③ how farming can create a strong sense of community
　　　　④ how to do farming with families, students, and tourists
　　　　正解　③

　初見の英文を作成する際，「内容」，「形式（文法事項，表現，語彙）」の共通性に留意することが必要です．共通性が高ければ高いほど，難易度が低い（生徒には答えやすい）ということになります．
　出題問題としては，本文から情報をそのまま見つける "Right there" 型（例：What does he want to be in the future?），内容を読み取り，答えを出す "Think and search" 型（例：What is the main point of the speech? [選択肢から選ばせる]），さらにプロダクティブな質問として生徒自身に考えさせる "In your head" 型（例：What do you want to be in the future? And why?）等が考えられます．最後の質問は読解力を測るのではなく，生徒のライティング能力測定を意図した問いになります．

佐藤くんはどうなるの？

　初見の英文を提示したり，教科書の英文を変更することにより，機械的な丸暗記では対応できない妥当性の高い問題を作成することができます。このような考査を実施することにより，英文を理解しないで暗記しても高得点はとれないと生徒に理解させ，日頃から理解して覚えていくという学習姿勢を促すことになります。このテストが学習に与える影響のことを「波及効果」といい，今回の提案においても，長期的にみて生徒に良い波及効果を与えることができると考えられます。それでは，最初に出てきた佐藤くんはどうなってしまうのでしょうか。私は個人的には定期考査においては，生徒の頑張りを評価してあげる余地があるべきだと考えます。事前に出題する問題の形式，内容の一部（場合によっては問題そのもの）を知らせ，生徒に「勉強すると必ず点数が取れる」と気づかせることで動機づけを高めたり，本文の英文をそのまま使い，授業で扱った問題も考査に入れることにより，生徒の授業への取り組みを高めることができます。英語が苦手な佐藤くんでも勉強すれば必ず点数が取れるという問題を考査に入れることも不可欠であると言えないでしょうか。

まとめ

　定期考査では，英語力そのものを測るという妥当性の高い問題と，その意味では妥当性は低いが英語の苦手な生徒にも易しい問題を併用していくことが必要であると考えます。それぞれのタイプの問題の難易度と，両者の割合については，担当の先生が，生徒のレベルや動機づけ，日頃の授業内容，授業での活動から判断し，決定していくと良いでしょう。ちなみに，佐藤くんはその後，英語が好きになっていき，今，英語教師として頑張っているそうです。

タスク 23

次の教科書の英文を定期考査で出題するとしたら，どのように修正しますか。提案の１～５のどれかに即して書き直してみよう（提案１から５までをグループで分担してやってみよう）。

Researcher

I am a computer scientist, and I belong to a research team in California. We study artificial intelligence (AI). One thing about language is clear from my experience: when you need a language, you will learn it.

I did not study English very hard in high school. I found science and math were more important and interesting. However, when I was a university student, I realized that I needed foreign language skills. Now, as an AI researcher, I refer to articles in Chinese and listen to reports in German. In addition, I write papers and give presentations in English.

Now I realize that learning languages is important even for a scientist. I need good language skills to reach my goals. With clear goals in mind, you can learn English and other languages.

コラム6

「国際理解教育」でのクローズテストの実践　テスト後の negotiation time

　筆者が勤務校で担当している教職専門科目「国際理解教育」での実践の一部を紹介します。この授業は英語圏に限らず，世界の様々な文化を学び，国際理解を深め将来の英語の授業に生かしていくことを目標にしています。海外からの教員留学生も受講しており，ちなみに過去において，フィリピン，ブータン，ミャンマー，韓国，カンボジア，タイ，スーダン，ブラジル，東ティモールからの留学生が受講してくれました。彼（彼女）らは本国ではすでに教師として実績を上げ，国から将来を託され国費で留学している優秀な方々です。教員留学生との英語での交流，意見交換は日本人学生にとって，非常に効果的で有意義な学びになっています。

　この授業は，異文化理解とともに，英語力の向上も大きな目標の一つとしており，したがって，授業の始めに毎回簡単な小テストを行っています。小テストは，主に以下のようなクローズテストです。

More Than Words Can say

Do you nod your head, (**1**. smile), or move your hands when (**2.** communicating) with others? These are a few examples of (**3.** nonverbal) communication—also known as body (**4.** languge). Nonverbal communication differs from culture to (**5.** culture), and in this chapter, we'll find out (**6.** how) and why. Most of us use (**7.** nonverbal) communication more than we (**8.** realize) . . . .

This is Culture　南雲堂

　既習の本文からの出題なので，基本的には原文に使用されていた語を正解とする正語法で，テスト後にその場で各自採点するのですが，実はnegotiation time を設けて，学生から別の答えも有りうるのではないかという申し出があった場合は，クラス全体で協議し正解とする場合もあります。これは文脈に適している語であれば正解とする適語法となるのですが，例えば上の（2. communicating）では speaking ではどうかという質問がありました。私としては，正解にしてもいいかなとも思ったのですが，ミャンマーからの学生から，ここではコミュニケーションという概念が大事ではないかという意見があり，申し出た本人も含めて皆もそれに同意したので，communicating のみを正解としました。（8. realize）については know ではどうかという意見が出され，realize と know の微妙な違いをクラス全体で議論した後に，正解にしました。スコアの信頼性という意味では問題は全くないとも言えませんが，自分たちの解答について英語で議論するという内容の濃い活動ができ，学生も何とか正解にしようと頑張るので，波及効果の良い効果的な小テストだと考えています。作成も簡単なので，このようなクローズテストの活用も考えてみてはいかがでしょうか。negotiation time は場合によっては日本語で良いかもしれませんね。

　ちなみに，海外留学生との授業は，私自身にも非常に勉強になります。テキストではタイでは子供の頭をなでるのは，タブーだと紹介されていたのですが，留学生によると実際，今はそうではないと言っていました。グローバル化で各国の独自の慣習も消えつつあるのでしょうか。また，東ティモールからの留学生から，子供の時に実際に経験した独立戦争（紛争）や，子供のころの将来の夢が，強い兵士になることだったという話を聞いたときは，平和への願いと教育の大切さを学生とともに新たにしたものでした。

おわりに

　村上春樹さんの処女作『風の歌を聴け』は，次の一文で始まります。
　「完璧な文章などといったものは存在しない。完璧な絶望が存在しないようにね」。
　現在原稿を書き終えて，筆者らの頭に浮かんだのは次の一文でした。
　「完璧な英語テストなどといったものは存在しない。完璧なコミュニケーションが存在しないようにね」。
　本書の目的は，生徒の英語コミュニケーション能力を伸ばすためのテストとはどうあるべきかを考えることでした。主に中学校と高校で実施される定期テストや小テストを対象にしています。こうした定期テストや小テストは，テスト時における熟達度レベルを示すことが目的の TOEFL や TOEIC などの大規模な熟達度テストとは異なります。学校におけるテストの目的は，テスト時点における生徒の到達度を示し，出来ることと出来ないことの診断を下し，さらなる学習へといざなうことです。この「さらなる学習へといざなう」という点が一番大切なのではないかと筆者らは考えています。学校のテストは，生徒を励まし，奮起させるものでなくてはなりません。この意味で，今までの英語テストには欠陥のあるものが多数存在したことは否めません。ただ点数を与えるために，関連のない断片的な知識を問う問題があまりに多く出題されていました。言い換えると，英語コミュニケーション能力を伸ばすために，この問題ではコミュニケーションのこの側面を評価するのだ，という観点が欠けていたと言えます。
　しかし今書き終えてみて，コミュニケーション能力を測定するということは，改めて簡単なことではないと感じています。もちろん，授業で教えた語彙や文法などの知識を問うことは難しくありません。しかし，コミュニケーション能力測定のためには，生徒に実際に話させたり，書かせたりすること

が欠かせません。こうした発表技能を測定するためのタスクにおける自由度が高くなるほど，そのパフォーマンスを客観的に評価することは難しくなります。そこに生徒の2つの「ソウゾウリョク」，すなわち「想像力」と「創造力」が入る余地が広がり，その結果として生徒が独創性を発揮する可能性が高くなるからです。独創性を評価するということが自分にできるだろうか，と筆者らは自問してしまいます。なぜなら，独創性を測定する普遍的なものさしなど存在しないからです。「新しい」ということは，それまでそれを測る基準は存在しなかったということです。その評価は主観的にならざるを得ず，評価者の好みによって大きく左右されてしまいます。ゴッホでもピカソでもモーツァルトでもビートルズでも，「これはすごい」と思う人もいれば，「なんだこれは」と思う人もいたわけです。

　最近は「思考力・判断力・表現力」をどのように評価するかで，頭を悩ませている先生方が多くいるのではないでしょうか。これに対して作家の藤原智美さんが1つの論考を寄せています。その論考は小学校時代の絵のとても上手な同級生の話で始まっていました。ある写生会でその子の描いた海の絵は，誰もが認める素晴らしい出来でした。ところが，その素晴らしい絵は，5段階で3という平凡な評価を受けました。理由は，使用した絵の具の種類が少ない，ということだったらしいのです。藤原さんは，絵の評価における問題点と論述問題の評価における問題点に共通することを指摘しています。それは，絵画における創造力や，論述における思考力を「評価する画一化されたモノサシなどない」ということです。藤原さんは「書くこと」は「考えること」につながるので，教育が書くことに力を入れることには賛成しています。しかし入試に採用すると，客観的な採点基準や，書く分量を示さなくてはならなくなります。そうすると，学校や予備校等で，こうした採点基準や量に合った指導が盛んになるでしょう。そういった画一的な指導が，こどもの創造性の芽を摘むのでないかと，彼は危惧しているのです。思考力・判断力・表現力を磨くために導入する記述問題が，かえってそうした力を削いでしまうという，皮肉な事態を憂いているのです。

　英語のパフォーマンステストを実施する際にも，同じような危険性があることを，我々は自覚しないといけないのかもしれません。客観的な公正さを追求するあまり，子供たちの独創性を摘んでしまうことがないかどうか，採点する側は自問しなければなりません。スピーキングでもライティングで

も，新しいことに挑戦した生徒が不利になるような採点基準は避けたいものです。たくさん話したり書いたりすれば，それだけ間違いを犯す可能性は高くなります。この場合，正確性を重視した減点法で採点すると，様々なことに挑めば挑むほど評価が低くなってしまいます。しかし我々が育てるべきものは，新たなことに果敢に挑んでいく精神ではないでしょうか。これだけ変動の激しい世界にあっては，我々は次の世代が直面するであろう困難をすべて予測することはできません。生徒を健全なリスクテイカーに育てていくことが，先の見えない時代の中では一層求められることだと思います。新たに挑んだことが加点されるような評価方法をぜひとも考えていただきたいと思います。生徒の独創性を摘むのではなく，育てていくテストの在り方を目指していきたいものです。もちろん，本書で書かれたことをすぐ実現するのは簡単ではないでしょうし，賛同しかねる部分もあるかとは思います。しかしながら，本書を参考にテストを改善し，より生徒にとってためになる考査を作成していただけたら幸いです。この本がその一助になれば，私たち著者としてはこれほどうれしいことはありません。

　最後に，金星堂の佐藤求太さん，今門貴浩さんには企画段階から完成まで様々なご援助とご助言をいただきました。また筆者らの出会ってきた中学・高校の先生方，大学の学生さんたちからは多くの示唆と着想をいただきました。この場を借りて感謝申し上げます。

笠原　究　　佐藤　臨太郎

改訂版　あとがき

　初版は幸いにして，大学の授業の教科書として，小中高の英語教師のテスト作成の参考書として多くの方々に好評を頂いたと伺っており，金星堂さんのご厚意により，この度改訂版を発行することができました。改訂に際し，テスト問題を更新し，指導要領に関する記述も見直しを加え，さらに，実際の授業での学生さんの声や読者の皆さんからの感想も参考にして，加筆修正させていただきました。

　初版を出して以降，国立教育政策研究所から「『指導と評価の一体化』のための学習評価に関する参考資料」が発行され，スピーキングやライティングにおけるパフォーマンス評価への関心が高まっています。また，学力の3要素に基づく，「知識・技能」，「思考力・判断力・表現力」，「学びに向かう力，人間性等」の観点別評価が高等学校にも導入されました。評価やテスティングに関する先生方の関心も確実に高まってきているようです。

　しかし，多くの先生方が「学びに向かう力」をどう評価すべきなのかご苦労されているという話をよく聞くようになりました。筆者は，これは先生の評価であって生徒の評価とすべきではないと考えます。生徒の「学びに向かう力」を引き出すのは先生の仕事であり，生徒の仕事ではありません。日常的に英語を使わない生徒たちに，英語学習の楽しさを感じてもらうのはひとえに先生方がどのような英語授業・評価を行うかにかかっています。どうしても評価しなければならぬ，というのなら，「知識・技能」や「思考力・判断力表現力」で高評価の生徒は「学びに向かう力」も高評価でいいのではないかと思います。

　本書でも述べた通り，評価は生徒のやる気を引き出すためにあるのです。評価のための評価にならぬよう，生徒を学びに向かわせるための評価を，今後も読者の皆様と一緒に考えていけたら幸いです。

笠 原　究　佐 藤　臨太郎

タスク解答例

第 1 章　（解答省略）
第 2 章　（解答省略）
第 3 章　（解答省略）

第 4 章

タスク 4

1) 平均値 58.8　最頻値 50 中央値 60 範囲 80 分散 394.2 標準偏差 19.9（エク
   セル 2016 による計算値。小数点以下 2 桁を四捨五入したもの。手計算
   では多少異なる可能性があります。）

2) ヒストグラム

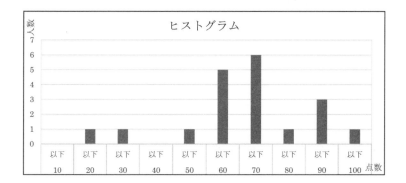

第 5 章

タスク 5　解答例

問題点

I have nothing to do on weekends. と I'm free on weekends. が同じ意味と
言えるか疑問。free 以外の正解も有りうる (bored, unhappy / happy) など

修正案

問　I have nothing to do on weekends に最も近い意味の英文は以下のどれ
　　か。

1. I'm busy on weekends.
2. I'm free on weekends
3. I'm sleeping on weekends.
4. I'm working on weekends.（正解 2）

タスク 6　解答例
直接テスト：（定義）出題者が測定したい技能を，受験者が直接パフォーマンスする。
（例） 発音能力を測るためにスピーキングを行う。英作文能力を測るために実際に英作文させる。
（長所） 妥当性が高く，波及効果もよい。
（短所） 実用性が低い場合が多い。

間接テスト：（定義）測定したい技能を間接的に測定する。
（例） 発音能力を測るために，第一アクセントの位置を筆記試験で問う。
英作文能力を測るために，単語を並び替えて，英文を完成させる。
（長所） 実用性が高い。
（短所） 妥当性に欠ける場合が有りうる。マイナスの波及効果を与えうる。

タスク 7　解答例
（正　解） I couldn't imagine doing something like that.
（錯乱肢） I cannot do it because it is too difficult.
I cannot do it because they move too fast.
I couldn't do it by myself alone here

タスク 8（解答省略）
タスク 9（解答省略）

タスク 10
ラグビーのルールについての説明（×）
マスメディアが人々の行動に与える影響について（○）
ステレオタイプについて（○）

昨年の紅白歌合戦について（×）

ある生徒のいじめの経験について（△）

タスク 11 （解答省略）

タスク 12

読みのプロセスが，自然ではない。学習者に，言語習得上好ましくない正しくないインプットが与えられる。正解が複数考えられる場合が有る等。

タスク 13 （解答省略）

第 6 章

タスク 14　解答例

1. 次の対話が成り立つように，[ ] 内に最もよくあてはまるものをそれぞれ選択肢の中から 1 つずつ選び，記号で答えなさい。

A : [　　　　　　　　　　①　　　　　　　　　　　]

B : Sure. Here you are.

A : [　　　　　　　　　　②　　　　　　　　　　　]

B : Sightseeing.

A : [　　　　　　　　　　③　　　　　　　　　　　]

B : For five days.

A : [　　　　　　　　　　④　　　　　　　　　　　]

B : At my sister's house in London.

A : I see. [　　　　　　　　⑤　　　　　　　　　]

B : Thank you.

① ア Can I have you name ? イ Show me your passport, please. ウ Show me your baggage please.

② ア How old are you? イ What country do you come from? ウ What's the purpose of your visit?

③ ア Have you ever been to this country before? イ How long are you going to stay? ウ How much is it?

④ ア Where are you going now? イ Where are you going to stay? ウ Where do you come from?

⑤ ア Do you like London? イ Enjoy your stay. ウ Study English harder.

2. ① He wanted to rest at home.

② He lost interest in studying.

③ He stopped avoiding his father.

第 7 章（解答省略）
第 8 章（解答省略）

第 9 章

タスク 17

1. （解答省略）

2. 新 JACET8000 の頻度順位では，amber (7570), bacteria (2035), claim (1716), comet (6987), conclude (2304), fossil (2138), knock (2047), tiny (1613) です。よって低頻度語の amber と comet は受容語彙にとどめて，残りの語を発表語彙にしてあげるのが妥当なところでしょう。

第 10 章（解答省略）
第 11 章（解答省略）
第 12 章（解答省略）
第 13 章（解答省略）

第 14 章

タスク 22　解答例

中学校 2 年生に対する 1 分間の即興スピーチとその評価基準の例です。

（指示）Which country do you want to visit? Why do you want to visit there? Please talk about it for one minute. You have 20 seconds to think about the topic.（20 秒たったら始めるように促す）

評価基準

内容	流暢性	総合評価
理由もしくはその国の特徴を3つ以上言えた 3点	沈黙が5秒以上続くことがなかった 3点	合計5点以上　A
理由もしくはその国の特徴を2つ言えた 2点	1度5秒以上の沈黙があったが、あとは話をつづけた 2点	4点もしくは3点　B
理由もしくはその国の特徴を1つ言えた 1点	5秒以上の長い沈黙があった 1点	2点以下　C

第15章（解答省略）

参考文献

Alderson, J. C. (2000). *Assessing reading*. Cambridge University Press.

Alderson, J. C., Clapham, C., & Wall, D. (1995). *Language test construction and evaluation*. Cambridge University Press.

Backman, L. F., & Palmer, A. S. (1996). *Language testing in practice*. Oxford University Press.

Brown, J. D. (1996). *Testing in language programs*. Prentice Hall Regents.

Browne, C. (2013). *The new general service list: Celebrating 60 years of vocabulary learning*. The Language Teacher, *37*, 13–16.

Buck G. (1989). Written tests of pronunciation: Do they work? *ELT Journal, 43*(1), 50–56.

Buck, G. (2001). *Assessing listening*. Cambridge University Press.

Canale, M., & Swain, M. (1980). Theoretical bases of communicative approaches to second language teaching and testing. *Applied Linguistics, 1*, 1–47.

Carr, N. T. (2011). *Designing and analyzing language tests*. Oxford University Press.

Council of Europe. (2001). *Common European framework of reference for Languages: Learning, teaching, assessment*. Cambridge University Press.

Coxhead, A. (2000). A new academic word list. *TESOL Quarterly 34*(2), 213–238.

Downing, S. M. (2006). Selected-response item formats in test development. In S. M. Downing & T. M. Haladyna (Eds.), *Handbook of test development* (pp. 287–301). Lawrence Erlbaum.

Ferris, D. (1999). The case of grammar correction in L2 writing classes: a response to Truscott (1996). *Journal of Second Language Writing 8*(1), 1–11.

Hymes, D. H. (1972). On communicative competence. In J. B. Richardson, & J. Holmes (Eds.), *Sociolinguistics* (pp. 269–293). Penguin Books Ltd.

Haladyna. T. M. (2004). *Developing and validating multiple-choice test items*. Lawrence Erlbaum.

Hu, M. & Nation, I. S. P. (2000). Vocabulary density and reading comprehension. *Reading in a Foreign Language, 13*(1), 403–430.

Hughes, A. (1989). *Testing for language teachers*. Cambridge University Press.

Hughes, A (2003). *Testing for language teachers* (2nd ed.). Cambridge University Press.

Jacobs, H., Zinkgraf, S., Wormuth, D., Hartfiel, V., & Hughey, I. (1981). *Testing ESL composition: A practical approach*. Newbury House.

Kanayama, K., & Kasahara, K. (2016). The effects of expanding and equally-spaced retrieval practice on long-term L2 vocabulary retention. *Annual Review of English Language Education in Japan, 27*, 217–232.

Kanayama, K., & Kasahara, K. (2017). What spaced learning is effective for long-term L2 vocabulary retention? *Annual Review of English Language Education in Japan, 28*, 113–128.

Krashen, S. (1985). *Principles and practice in second language acquisition*. Pergamon Press.

Kornell, N. (2009). Optimizing learning using flashcards: Spacing is more effective than cramming. *Applied Cognitive Psychology, 23*, 1293–1317.

Laufer, B. (1992). How much lexis is necessary for reading comprehension. In P. J. L. Arnaud & H. M. Bejoint (Eds.), *Vocabulary and applied linguistics* (pp. 126–132). Macmillan.

Luoma, S. (2004). *Assessing speaking*. Cambridge University Press.

Nation, I. S. P. (2001). *Learning vocabulary in another language*. Cambridge University Press.

Nation, I. S. P. (2013). *Learning vocabulary in another language* (2nd. ed.). Cambridge University Press.

Nation, I. S. P. (2022). *Learning vocabulary in another language* (3rd. ed.). Cambridge University Press.

Purpula, J. M. (2004). *Assessing grammar*. Cambridge University Press.

Read, J. (2000). *Assessing vocabulary*. Cambridge University Press.

Sato, R. (2007). Difficulties of scoring accuracy in students' writing. *Chart Network.53*, 13–15.

Sato, R. (2016a). Examining high-intermediate Japanese EFL learners' perception of recasts: Revisiting repair, acknowledgement and noticing through stimulatedrecall. *Asian EFL Journal.18*.109–129.

Sato, R. (2016b).Exploration into the effects of recast types on advanced-level Japanese EFL learners' noticing. *Electronic Journal of Foreign Language Teaching.13.* 260–274.

Schmidt, R. (1990). The role of consciousness in the second language learning. *Applied Linguistics, 11*(2), 129–158.

Shizuka, T., Takeuchi, O., Yashima, T., & Yoshizawa, K. (2006). A comparison of three- and four-option English tests for university entrance selection purposes in Japan. *Language Testing, 23,* 35–57.

Swain, M. (1985). Communicative competence: Some roles of comprehensible output in its development, In S. Gass & C. Madden (Eds.), *Input in second language acquisition* (pp. 235–253). Newbury House.

Truscott, J. (1996). The case against grammar correction in L2 writing classes. *Language. Learning 46,* 327–369.

Truscott, J. (1999). The case for "The case against grammar correction in L2 writing classes": A response to Ferris. *Journal of Second Language Writing, 8,* 111–122.

Ushiro, Y., Hijikata, Y., Shimizu, M., In'nami, Y., Kasahara, K., Shimoda, A., Mizoshita, H., & Sato, R. (2005). Reliability and validity of translation tests as a measure of reading comprehension. *Annual Review of English Language Education in Japan, 16,* 71–80.

Weigle, S. C. (2002). *Assessing writing.* Cambridge University Press.

相澤一美. (2001).「ライティング能力の測定と評価」. 小室俊明（編著）.『英語ライティング論――書く能力と指導を科学する』河源社.

相澤一美. (2010).「小学校から大学までに知っておくべき単語数はどのくらいですか」『英語教育』5 (91), (pp. 54–56). 大修館書店.

飯村秀樹. (2014).「リスニングタスクと繰り返しの効果」『英語教育の今――理論と実践の統合――』(pp. 44–48). 能登印刷.

卯城祐司（編著）. (2009).『英語リーディングの科学――「読めたつもり」の謎を解く』研究社.

卯城祐司（編著）. (2011).『英語で英語を読む授業』研究社.

卯城祐司（編著）. (2013).『英語リーディングテストの考え方と作り方』研究社.

岡田順子. (2007).『語彙の定着をさらに促進する単語テスト集』アルク.

大井恭子（編著）. (2008).『パラグラフ・ライティング指導入門』大修館書店.

大津栄一郎. (1993).『英語の感覚（上）・（下）』岩波新書.

笠島準一他. (2016).『New Horizon English Course 1』東京書籍.

笠島準一他. (2016).『New Horizon English Course 3』東京書籍.

笠原究. (2014).「大学入学試験における英語問題」『英語教育の今——理論と実践の統合——』(pp. 212–215). 能登印刷.

片桐一彦. (2014).「リスニング能力の測定と評価」『英語教育の今——理論と実践の統合——』(pp. 55–59). 能登印刷.

小泉理恵. (2011).「リスニングの測定・評価」. 石川祥一, 西田正, 斉田智里（編著）.『テスティングと評価—— 4 技能の測定から大学入試まで』大修館書店.

金谷憲他. (2004).『和訳先渡しの試み』三省堂.

清川英男・濱岡美郎・鈴木純子 (2003)『英語教師のための Excel 活用法』大修館書店.

佐藤臨太郎. (2011).『異文化理解のための実践学習』. 松柏社.

佐藤臨太郎. (2015).「妥当性を意識したテスト作りにおける留意点」『Teaching English Now 英語教師のための情報誌』16–17. 三省堂.

佐藤臨太郎 . 笠原究（編著）(2022).『効果的授業の設計——理解・練習・繰り返しを重視して』開拓社.

靜哲人. (1999).『英語授業の大技・小技』研究社. 靜哲人. (2002).『英語テスト作成の達人マニュアル』大修館書店.

杉山由仁. (2014).「ライティングの評価」『英語教育の今——理論と実践の統合——』(pp. 136–139). 能登印刷. 投野由紀夫（編）. (2013).『英語到達度指標 CEFR-J ガイドブック』大修館書店.

西澤正幸. (2003).「語彙数はどれだけ必要か」『英語教育』5(27), (pp. 8–10). 大修館書店.

長谷尚弥他 (2013).『 Vivid II English Expression II』第一学習社.

Hickling, R. & Usukura, M. (2014)『ENGLISH FIRST』金星堂.

深澤真 (2014).「パフォーマンス評価」『英語で教える英文法』(pp. 204–209) 研究社.

ブラウン, J. D.（著）, 和田稔（訳）.『言語テストの基礎知識』大修館書店.

本多敏幸. (2009).「スピーキング」金谷憲（編）『英語授業ハンドブック（中学校編）』大修館書店.

根岸雅史, 東京都中学校英語教育研究会（編著）(2007).『コミュニカティブ・テスティングへの挑戦』三省堂.

根岸雅史. (2009).「ライティング・テスト作成の心得」Teaching English Now, 14–15.

根岸雅史 他 (2020).『New Crown 2 English Series New Edition』. 三省堂.

根岸雅史 他 (2020).『New Crown 3 English Series New Edition』. 三省堂.

松村昌紀 (2009).『英語教育を知る 58 の鍵』大修館書店.

松村昌紀 (2012).『タスクを活用した英語授業のデザイン』大修館書店.

望月明彦, 深澤真, 印南洋, 小泉理恵（編著）. (2015).『英語 4 技能評価の理論と実践』大修館書店.

望月正道, 相澤一美, 投野由紀夫. (2003).『英語語彙の指導マニュアル』大修館書店.

望月正道, 相澤一美, 笠原究, 林幸伸. (2016).『英語で教える英語の授業——その進め方・考え方』大修館書店.

文部科学省. (2010).『高等学校学習指導要綱解説　外国語編・英語編』開隆堂.

山西博之. (2011).「ライティングの測定・評価」. 石川祥一, 西田正, 斉田智里（編著）.『テスティングと評価—— 4 技能の測定からが医学入試まで』大修館書店.

安永和央 (2016). 日本テスト学会講習会口頭発表（2016 年 10 月 30 日. 法政大学）

米山朝二. (2011).『英語教育指導法事典』研究社.

若林俊輔, 根岸雅史. (1993).『無責任なテストが「落ちこぼれ」を作る』大修館書店.

渡部良典. (2004).「言語テストと評価」小池生夫（編集主幹),『第二言語習得研究の現在』(pp. 275–294). 大修館.

索　引

241

■ 著者紹介

笠原　究（かさはら　きわむ）

北海道教育大学旭川校教授。筑波大学大学院修士課程修了。博士（言語学）。北海道公立高等学校勤務を経て，現職。高校教員在職中に文科省派遣により米国テュレイン大学留学。中学校，高等学校検定教科書執筆。近年の著作に『効果的英語授業の設計』（開拓社），『日本人学習者に合った効果的英語教授法入門』（明治図書），『英語で教える英語の授業——その進め方・考え方』（大修館）がある。また，*Language Teaching Research, System, JLTA Journal, ARELE，JACET Journal* などの国内外の学術誌に論文多数。第 21 回金子賞，筑波英語教育学会第 7 回新人賞受賞。目下の趣味はマラソン，サッカー，ギターとビール。

第 8 章～第 14 章，第 15 章 1 節担当。

佐藤　臨太郎（さとう　りんたろう）

奈良教育大学教授。筑波大学大学院修士課程修了。博士（学校教育学）。北海道公立高等学校勤務を経て，現職。高校教員在職中に文科省派遣により米国ジョージタウン大学留学。中学校・高等学校検定教科書執筆。近年の著作に『効果的英語授業の設計』（開拓社），『日本人学習者に合った効果的英語教授法入門』（明治図書）がある。また，*Language Teaching Research, System, Innovation in Language Learning and Teaching，ARELE，JALT Journal, JACET Journal, JLTA Journal* などの国内外の学術誌に論文多数。第 54 回中村英語教育賞，第 20 回金子賞，全国英語教育学会 2013 年教育奨励賞受賞。元ラグビー国体選手（北海道）。目下の趣味はマラソンと筋トレとビール。

第 1 章～第 7 章，第 8 章 5 節，第 11 章 3 節，第 15 章 2，3 節，コラム担当

英語テスト作成入門 改訂新版
効果的なテストで授業を変える！

2024 年 2 月 29 日 初版第 1 刷発行

著　者　笠　原　　　究

　　　　佐　藤　臨太郎

発行者　福　岡　正　人

発行所　株式会社 金星堂

（〒 101-0051）東京都千代田区神田神保町 3-21
Tel.（03）3263-3828（営業部）
（03）3263-3997（編集部）
Fax（03）3263-0716
http://www.kinsei-do.co.jp

編集担当：佐藤求太　　　　　　　　　Printed in Japan
組版：ほんのしろ
装丁原案：笠原優奈
印刷：モリモト印刷／製本：松島製本
Copyright © 2024 KASAHARA Kiwamu
SATO Rintaro

ISBN978-4-7647-1233-1 C3082